La CONSTI XXL

Esta Consti XXL pertenece a:

NOMBRE:

RED SOCIAL:

TELÉFONO:

La CONSTI XXL

VICENTE VALERA
CINTHIA MOURE

Martina

tecnos

Diseño de cubierta:
Cinthia Moure

1.ª edición, septiembre 2025
(edición cerrada en julio 2025)

© De la idea y adaptación de la Ley, VICENTE VALERA, 2025
© De las ilustraciones interiores, CINTHIA MOURE, 2025
© EDITORIAL TECNOS (GRUPO ANAYA, S. A.), 2025
Valentín Beato, 21 - 28037 Madrid

PAPEL DE FIBRA
CERTIFICADA

ISBN: 978-84-309-9361-1
Depósito Legal: M-14247-2025

Printed in Spain

Índice

FECHAS IMPORTANTES

- **31 de octubre de 1978:** Las Cortes Generales aprueban el texto constitucional.
- **6 de diciembre de 1978:** El pueblo español la ratifica en referéndum.
- **27 de diciembre de 1978:** El Rey la sanciona y la promulga ante las Cortes.
- **29 de diciembre de 1978:** Entra en vigor y se publica en el *BOE*.
- **28 de agosto de 1992:** Entra en vigor y se publica en el *BOE* la modificación (de 27 de agosto) del **articulo 13.2**.
- **27 de septiembre de 2011:** Entra en vigor y se publica en el *BOE* la modificación (del mismo 27 de septiembre) del **articulo 135**.
- **17 de febrero de 2024:** Entra en vigor y se publica en el *BOE* la modificación (de 15 de febrero) del **articulo 49**.

ESTRUCTURA

La Constitución Española se divide en 2 partes:

Una **parte dogmática** en la que se centra en reconocer los principios constitucionales que inspiran el nuevo orden político del Estado. (Título Preliminar y Título Primero).

Una **parte orgánica** que establece la estructura de los poderes del Estado, regulando la organización política y jurídica. (Resto de Títulos).

DISPOSICIONES

- **4 Disposiciones Adicionales.**
- **9 Disposiciones Transitorias.**
- **1 Disposición Derogatoria.**
- **1 Disposición Final.**

CARACTERÍSTICAS

- **Extensa** (169 arts).
- Es **formal y escrita**.
- Es **incompleta**, numerosos artículos remiten a su desarrollo normativo.
- Está **influenciada** por otras constituciones europeas.
- Es de **origen popular**, siendo monárquica y parlamentaria.
- Es **rígida**, en cuanto al procedimiento de reforma.
- Tiene **valor normativo**, es la suprema fuente del Derecho español.
- Es integradora y consensuada.

A todos los que vieren y entendieren,

Sabed: Que las Cortes han aprobado y el pueblo español ratificado la siguiente Constitución

PREÁMBULO

La Nación española, deseando establecer la justicia, la libertad y la seguridad y promover el bien de cuantos la integran, en uso de su soberanía, proclama su voluntad de:

Garantizar la convivencia democrática dentro de la Constitución y de las leyes conforme a un orden económico y social justo.

Consolidar un Estado de Derecho que asegure el imperio de la ley como expresión de la voluntad popular.

Proteger a todos los españoles y pueblos de España en el ejercicio de los derechos humanos, sus culturas y tradiciones, lenguas e instituciones.

Promover el progreso de la cultura y de la economía para asegurar a todos una digna calidad de vida.

Establecer una sociedad democrática avanzada, y

Colaborar en el fortalecimiento de unas relaciones pacíficas y de eficaz cooperación entre todos los pueblos de la Tierra.

En consecuencia, las Cortes aprueban y el pueblo español ratifica la siguiente

CONSTITUCIÓN

ARTÍCULO 1
LA SOBERANÍA RESIDE EN EL PUEBLO

1. España se constituye en un **Estado social y democrático** de **Derecho**, que propugna como **valores superiores** de su ordenamiento jurídico la **libertad**, la **justicia** la **igualdad** y el **pluralismo político**.

2. La **soberanía nacional** reside en el **pueblo español**, del que emanan los **poderes del Estado**.

3. La **forma política** del Estado español es la **Monarquía parlamentaria**.

ARTÍCULO 2
UNIDAD DE LA NACIÓN Y DERECHO A LA AUTONOMÍA

La Constitución **se fundamenta** en la **indisoluble unidad** de la **Nación española**, **patria común e indivisible de todos los españoles**, y **reconoce** y **garantiza** el **derecho** a la **autonomía** de las **nacionalidades y regiones** que la integran y la **solidaridad** entre todas ellas.

ARTÍCULO 3
EL CASTELLANO Y LAS DEMÁS LENGUAS ESPAÑOLAS

1. El **castellano** es la **lengua española oficial del Estado**. **Todos** los españoles tienen el **deber** de conocerla y el **derecho** a usarla.

2. Las **demás lenguas** españolas serán **también oficiales** en las respectivas Comunidades Autónomas de acuerdo con sus **Estatutos**.

3. La **riqueza** de las **distintas modalidades lingüísticas** de España es un **patrimonio cultural** que será objeto de especial **respeto** y **protección**.

ARTÍCULO 4
LA BANDERA DE ESPAÑA Y LAS DE LAS COMUNIDADES AUTÓNOMAS

1. La **bandera** de **España** está formada por **tres franjas horizontales, roja, amarilla y roja**, siendo la amarilla de doble anchura que cada una de las rojas.

2. Los **Estatutos** podrán reconocer **banderas** y **enseñas propias** de las Comunidades Autónomas. Estas se utilizarán **junto** a la **bandera** de **España** en sus edificios públicos y en sus actos oficiales.

Notas:

ARTÍCULO 5
MADRID, CAPITAL

La **capital** del **Estado** es la **villa** de **Madrid**.

ARTÍCULO 6
PARTIDOS POLÍTICOS

Los **partidos políticos expresan** el pluralismo político, **concurren** a la formación y manifestación de la voluntad popular y son **instrumento fundamental** para la participación política. Su **creación** y el **ejercicio** de su actividad son **libres** dentro del respeto a la Constitución y a la ley. Su **estructura interna** y **funcionamiento** deberán ser **democráticos**.

ARTÍCULO 7
SINDICATOS Y ASOCIACIONES EMPRESARIALES

Los **sindicatos** de trabajadores y las **asociaciones empresariales contribuyen** a la **defensa** y **promoción** de los **intereses económicos** y **sociales que les son propios**. Su **creación** y el **ejercicio** de su actividad son **libres** dentro del respeto a la Constitución y a la ley. Su **estructura** interna y **funcionamiento** deberán ser **democráticos**.

ARTÍCULO 8
FUERZAS ARMADAS

1. Las **Fuerzas Armadas**, constituidas por el **Ejército de Tierra**, **la Armada** y **el Ejército del Aire**, tienen como **misión garantizar** la soberanía e independencia de España, **defender** su integridad territorial y el ordenamiento constitucional.

2. Una **ley orgánica regulará** las **bases de la organización militar** conforme a los principios de la presente Constitución.

ARTÍCULO 9
RESPETO A LA LEY, LIBERTAD E IGUALDAD Y GARANTÍAS JURÍDICAS

1. Los **ciudadanos** y los **poderes públicos** están **sujetos** a la Constitución y al resto del ordenamiento jurídico.

2. Corresponde a los **poderes públicos promover** las condiciones para que la libertad y la igualdad del individuo y de los grupos en que se integra sean reales y efectivas; **remover** los obstáculos que impidan o dificulten su plenitud y **facilitar** la participación de todos los ciudadanos en la vida política, económica, cultural y social.

3. La Constitución **garantiza** el **principio de legalidad**, la **jerarquía normativa**, la **publicidad** de las **normas**, la **irretroactividad** de las **disposiciones sancionadoras no favorables** o **restrictivas** de **derechos individuales**, la **seguridad jurídica**, la **responsabilidad** y la **interdicción** de la **arbitrariedad** de los **poderes públicos**.

CINTHIA MOURE

DERECHOS
Y DEBERES

TÍTULO
01

De los derechos
y deberes fundamentales

ARTÍCULO 10
DERECHOS DE LA PERSONA

1. La **dignidad** de la **persona**, los **derechos inviolables** que le son **inherentes**, el **libre** **desarrollo** de la **personalidad**, el **respeto a la ley** y a los **derechos** de los **demás** son **fundamento del orden político y de la paz social**.

2. Las **normas** relativas a los **derechos fundamentales** y a las **libertades** que la Constitución reconoce **se interpretarán de conformidad** con la **Declaración Universal** de **Derechos Humanos** y los **tratados** y **acuerdos internacionales** sobre las mismas materias **ratificados** por **España**.

CAPÍTULO PRIMERO
DE LOS ESPAÑOLES Y LOS EXTRANJEROS

ARTÍCULO 11
NACIONALIDAD

1. La **nacionalidad española** se adquiere, se conserva y se pierde **de acuerdo con lo establecido por la ley**.

2. **Ningún español** de **origen** podrá ser **privado** de su **nacionalidad**.

3. El **Estado** podrá **concertar tratados** de **doble nacionalidad** con los países iberoamericanos o con aquellos que hayan tenido o tengan una particular vinculación con España. En estos mismos países, aun cuando no reconozcan a sus ciudadanos un derecho recíproco, podrán **naturalizarse los españoles sin perder su nacionalidad de origen**.

ARTÍCULO 12
MAYORÍA DE EDAD: 18 AÑOS

Los españoles son **mayores** de **edad** a los **18 años**.

ARTÍCULO 13
DERECHOS DE LOS EXTRANJEROS

1. Los **extranjeros** gozarán en España de las **libertades públicas** que garantiza el presente **Título** en los **términos** que establezcan los **tratados y la ley**.

Notas:
....
....
....
....
....

2. **Solamente los españoles** serán **titulares** de los **derechos reconocidos** en el **artículo 23**, **salvo** lo que, atendiendo a criterios de **reciprocidad**, pueda establecerse por tratado o ley para el derecho de sufragio activo y pasivo en las elecciones municipales.

3. La **extradición** solo se concederá en **cumplimiento** de un **tratado** o de la **ley**, atendiendo al principio de **reciprocidad**. Quedan excluidos de la extradición los delitos políticos, no considerándose como tales los actos de terrorismo.

4. La ley establecerá los términos en que los ciudadanos de otros países y los apátridas podrán gozar del **derecho de asilo en España**.

CAPÍTULO SEGUNDO
DERECHOS Y LIBERTADES

ARTÍCULO 14
IGUALDAD ANTE LA LEY

Los **españoles** son **iguales ante la ley**, sin que pueda prevalecer discriminación alguna por razón de **nacimiento**, **raza**, **sexo**, **religión**, **opinión** o cualquier **otra condición** o **circunstancia** personal o social.

SECCIÓN 1.ª:
DE LOS DERECHOS FUNDAMENTALES Y DE LAS LIBERTADES PÚBLICAS

ARTÍCULO 15
DERECHO A LA VIDA

Todos tienen **derecho a la vida y a la integridad física y moral**, sin que, **en ningún caso**, puedan ser **sometidos** a tortura ni a penas o tratos inhumanos o degradantes. Queda **abolida** la **pena de muerte**, salvo lo que puedan disponer las **leyes penales militares para tiempos de guerra**.

ARTÍCULO 16
LIBERTAD IDEOLÓGICA Y RELIGIOSA

1. Se garantiza la **libertad ideológica, religiosa y de culto** de los individuos y las comunidades sin más limitación, en sus manifestaciones, que la necesaria para el mantenimiento del orden público protegido por la ley.

2. **Nadie** podrá ser **obligado** a **declarar** sobre su ideología, religión o creencias.

3. **Ninguna confesión** tendrá carácter **estatal**. Los **poderes públicos** tendrán en cuenta **las creencias religiosas de la sociedad española y mantendrán las consiguientes relaciones de cooperación con la Iglesia Católica y las demás confesiones**.

ARTÍCULO 17
DERECHO A LA LIBERTAD PERSONAL

1. Toda persona tiene **derecho** a la **libertad** y a la **seguridad**. **Nadie** puede ser privado de su libertad, sino con la observancia de lo establecido en este artículo y en los casos y en la forma previstos en **la ley**.

2. La **detención preventiva** no podrá durar más del tiempo **estrictamente necesario** para la realización de las averiguaciones tendentes al esclarecimiento de los hechos, y, en todo caso, en el plazo máximo de **72 horas**, el detenido deberá ser puesto en **libertad** o a **disposición** de la autoridad **judicial**.

3. Toda persona detenida debe ser **informada de forma inmediata**, y de modo que le sea **comprensible**, de sus derechos y de las razones de su detención, **no pudiendo ser obligada a declarar**. Se garantiza la asistencia de abogado al detenido en las **diligencias policiales y judiciales**, en **los términos** que **la ley establezca**.

4. La ley regulará un procedimiento de **«habeas corpus»** para producir la inmediata puesta a disposición judicial de toda persona detenida ilegalmente. Asimismo, **por ley** se determinará el plazo máximo de duración de la **prisión provisional**.

ARTÍCULO 18
DERECHO A LA LIBERTAD PERSONAL

1. Se garantiza el **derecho al honor, a la intimidad personal y familiar** y a la **propia imagen**.

2. El **domicilio es inviolable. Ninguna entrada o registro** podrá hacerse en él **sin consentimiento del titular o resolución judicial, salvo** en caso de **flagrante delito**.

3. Se garantiza el **secreto** de las **comunicaciones** y, en especial, de las **postales, telegráficas y telefónicas**, **salvo resolución judicial**.

4. La **ley limitará el uso de la informática** para garantizar el honor y la intimidad personal y familiar de los ciudadanos y el pleno ejercicio de sus derechos.

Notas:

ARTÍCULO 19
LIBERTAD DE RESIDENCIA Y CIRCULACIÓN

Los españoles tienen **derecho** a **elegir libremente** su **residencia** y a **circular** por el **territorio nacional**.

Asimismo, tienen derecho a **entrar y salir libremente de España** en los términos que **la ley** establezca. Este derecho **no podrá ser limitado** por motivos **políticos** o **ideológicos**.

ARTÍCULO 20
LIBERTAD DE EXPRESIÓN

1. Se reconocen y protegen los derechos:

A) A **expresar y difundir libremente** los **pensamientos, ideas y opiniones mediante** la **palabra**, el **escrito** o **cualquier otro medio de reproducción**.

B) A la **producción** y **creación literaria, artística, científica y técnica**.

C) A la **libertad** de **cátedra**.

D) A **comunicar o recibir libremente información veraz** por cualquier medio de difusión. **La ley** regulará el derecho a la **cláusula de conciencia y al secreto profesional** en el ejercicio de estas libertades.

2. El **ejercicio** de estos **derechos no puede restringirse** mediante ningún tipo de **censura previa**.

3. La ley regulará la **organización** y el **control parlamentario** de los **medios** de **comunicación social dependientes** del Estado o de cualquier ente público y **garantizará el acceso** a dichos medios de los grupos sociales y políticos significativos, **respetando** el **pluralismo de la sociedad** y de las **diversas lenguas** de España.

4. Estas **libertades** tienen **su límite** en el respeto a los derechos reconocidos en este Título, en los preceptos de **las leyes** que lo desarrollen y, especialmente, en **el derecho al honor, a la intimidad, a la propia imagen y a la protección de la juventud y de la infancia**.

5. Solo podrá acordarse el **secuestro** de **publicaciones, grabaciones y otros medios** de información **en virtud de resolución judicial**.

ARTÍCULO 21
DERECHO DE REUNIÓN

1. Se reconoce el **derecho de reunión pacífica y sin armas**. El ejercicio de este derecho **no necesitará autorización previa**.

2. En los casos de **reuniones** en **lugares de tránsito público y manifestaciones** se dará **comunicación previa a la autoridad**, que **solo** podrá **prohibirlas** cuando existan **razones fundadas** de **alteración del orden público, con peligro para personas o bienes**.

ARTÍCULO 22
DERECHO DE ASOCIACIÓN

1. Se reconoce el **derecho de asociación**.

2. Las asociaciones que **persigan fines** o utilicen **medios tipificados** como **delito** son **ilegales**.

3. Las asociaciones constituidas al amparo de este artículo deberán inscribirse en un **registro** a los solos **efectos de publicidad**.

4. Las asociaciones **solo** podrán ser **disueltas** o **suspendidas** en sus actividades en virtud de **resolución judicial motivada**.

5. Se prohíben las asociaciones **secretas** y las de carácter **paramilitar**.

ARTÍCULO 23
DERECHO DE PARTICIPACIÓN

1. Los ciudadanos tienen el derecho a participar en los **asuntos públicos**, directamente o por medio de representantes, **libremente elegidos** en elecciones periódicas por sufragio universal.

2. Asimismo, tienen derecho a acceder en condiciones de **igualdad** a las **funciones** y **cargos públicos**, con los requisitos que señalen **las leyes**.

ARTÍCULO 24
PROTECCIÓN JUDICIAL DE LOS DERECHOS

1. Todas las personas tienen derecho a obtener la **tutela efectiva** de los **jueces y tribunales** en el ejercicio de sus **derechos** e **intereses legítimos**, sin que, **en ningún caso**, pueda producirse **indefensión**.

2. Asimismo, todos tienen derecho al **Juez ordinario** predeterminado por **la ley**, a la **defensa** y a la **asistencia** de **letrado**, a ser **informados** de la **acusación formulada** contra ellos, a un **proceso público** sin **dilaciones indebidas** y con todas las **garantías**, a utilizar los **medios de prueba pertinentes** para su **defensa**, a **no declarar contra sí mismos**, a **no confesarse culpables** y a la **presunción** de **inocencia**.

La ley regulará los casos en que, por razón de parentesco o de secreto profesional, **no** se estará **obligado** a **declarar** sobre **hechos presuntamente delictivos**.

Notas:

ARTÍCULO 25
TRABAJO REMUNERADO PARA LOS RECLUSOS

1. Nadie puede ser condenado o sancionado por **acciones u omisiones** que en el momento de **producirse no constituyan delito**, falta o infracción administrativa, según la **legislación vigente** en aquel momento.

2. Las penas privativas de libertad y las medidas de seguridad estarán **orientadas** hacia la **reeducación** y **reinserción social** y **no podrán consistir** en **trabajos forzados**. El **condenado** a pena de prisión que estuviere cumpliendo la misma gozará de los **derechos fundamentales** de este Capítulo, a **excepción** de los que se vean **expresamente limitados** por el contenido del **fallo condenatorio**, el **sentido de la pena** y la **ley penitenciaria**. En todo caso, tendrá derecho a un trabajo remunerado y a los beneficios correspondientes de la **Seguridad Social**, así como al acceso a la **cultura** y al **desarrollo integral de su personalidad**.

3. La **Administración civil no podrá** imponer sanciones que, directa o subsidiariamente, impliquen privación de libertad.

ARTÍCULO 26
PROHIBICIÓN DE LOS TRIBUNALES DE HONOR

Se **prohíben** los **Tribunales de Honor** en el ámbito de la Administración civil y de las organizaciones profesionales.

ARTÍCULO 27
LIBERTAD DE ENSEÑANZA

1. Todos tienen el derecho a la **educación**. Se reconoce la **libertad** de **enseñanza**.

2. La educación tendrá por **objeto** el **pleno desarrollo** de la **personalidad humana** en el **respeto** a los principios democráticos de convivencia y a los derechos y libertades **fundamentales**.

3. Los **poderes públicos garantizan** el derecho que asiste a los padres para que sus hijos reciban la **formación religiosa y moral** que esté de acuerdo con sus propias convicciones.

4. La enseñanza **básica** es **obligatoria y gratuita**.

5. Los **poderes públicos garantizan** el derecho de todos **a la educación**, mediante una **programación general de la enseñanza**, con **participación efectiva** de todos los **sectores afectados** y la **creación** de **centros docentes**.

6. Se reconoce a las **personas físicas y jurídicas** la libertad de **creación de centros docentes**, dentro del respeto a los **principios constitucionales**.

7. Los profesores, los padres y, en su caso, los alumnos intervendrán en el **control y gestión de todos los centros** sostenidos por la **Administración** con **fondos públicos**, en los términos que la **ley establezca**.

8. Los poderes públicos inspeccionarán y homologarán el **sistema educativo** para garantizar el cumplimiento de **las leyes**.

9. Los **poderes públicos ayudarán** a los **centros docentes** que reúnan los requisitos que **la ley establezca**.

10. Se reconoce la **autonomía de las Universidades**, en los términos que **la ley** establezca.

ARTÍCULO 28
LIBERTAD DE SINDICACIÓN Y DERECHO A LA HUELGA

1. Todos tienen derecho a **sindicarse libremente**. **La ley** podrá **limitar** o **exceptuar** el ejercicio de este derecho a las **Fuerzas o Institutos armados** o a los demás Cuerpos **sometidos a disciplina militar** y **regulará** las **peculiaridades** de su ejercicio para los funcionarios públicos. La libertad sindical **comprende** el derecho a **fundar sindicatos** y **a afiliarse** al de su elección, así como el derecho de los sindicatos a formar **confederaciones** y a fundar **organizaciones sindicales internacionales** o a **afiliarse** a las **mismas**. **Nadie podrá ser obligado a afiliarse a un sindicato**.

2. Se reconoce el derecho a la **huelga** de los trabajadores para la defensa de sus intereses. **La ley** que regule el ejercicio de este derecho establecerá las **garantías precisas** para **asegurar** el **mantenimiento de los servicios esenciales de la comunidad**.

ARTÍCULO 29
DERECHO DE PETICIÓN

1. Todos los españoles tendrán el derecho de **petición individual y colectiva, por escrito, en la forma** y con los **efectos** que determine **la ley**.

2. Los **miembros** de las **Fuerzas** o **Institutos armados** o de los **Cuerpos sometidos a disciplina** militar podrán ejercer este derecho **solo individualmente** y con arreglo a lo dispuesto en su **legislación específica**.

Notas:

SECCIÓN 2.ª:
DE LOS DERECHOS Y DEBERES DE LOS CIUDADANOS

ARTÍCULO 30
SERVICIO MILITAR Y OBJECIÓN DE CONCIENCIA

1. Los **españoles** tienen **el derecho y el deber** de defender a **España**.

2. La ley fijará las **obligaciones militares** de los españoles y regulará, con las debidas garantías, la **objeción de conciencia**, así como las demás causas de exención del servicio **militar obligatorio**, pudiendo imponer, en su caso, una **prestación social sustitutoria**.

3. Podrá establecerse un **servicio civil** para el **cumplimiento** de **fines** de interés general.

4. Mediante **ley** podrán regularse los **deberes de los ciudadanos** en los casos de **grave riesgo, catástrofe o calamidad pública**.

ARTÍCULO 31
SISTEMA TRIBUTARIO

1. Todos contribuirán al **sostenimiento** de los **gastos públicos** de acuerdo con su capacidad económica mediante un **sistema tributario justo** inspirado en los **principios de igualdad y progresividad** que, **en ningún caso**, tendrá alcance **confiscatorio**.

2. El **gasto público** realizará una **asignación equitativa** de los recursos públicos, y su **programación** y **ejecución** responderán a los **criterios** de **eficiencia** y **economía**.

3. Solo podrán establecerse **prestaciones personales** o **patrimoniales** de carácter **público** con arreglo a **la ley**.

ARTÍCULO 32
MATRIMONIO

1. El **hombre** y la **mujer** tienen derecho a contraer **matrimonio** con **plena igualdad jurídica**.

2. La ley regulará las **formas** de matrimonio, la **edad y capacidad para contraerlo**, los **derechos y deberes** de los **cónyuges**, las **causas** de **separación y disolución y sus efectos**.

ARTÍCULO 33
DERECHO A LA PROPIEDAD

1. Se reconoce el **derecho** a la **propiedad privada** y a la **herencia**.

2. La **función social** de estos derechos **delimitará** su contenido, de acuerdo con las leyes.

3. Nadie podrá ser **privado** de sus **bienes y derechos** sino por **causa justificada** de **utilidad pública** o **interés social**, mediante la correspondiente **indemnización** y de conformidad con lo dispuesto por **las leyes**.

ARTÍCULO 34
DERECHO DE FUNDACIÓN

1. Se reconoce el derecho de **fundación** para **fines** de **interés general**, con arreglo a **la ley**.

2. Regirá **también** para las **fundaciones** lo dispuesto en los apartados **2 y 4 del artículo 22**.

ARTÍCULO 35
EL TRABAJO, DERECHO Y DEBER

1. Todos los españoles tienen el **deber** de **trabajar** y el **derecho** al **trabajo**, a la **libre elección** de **profesión** u **oficio**, a la **promoción** a través del trabajo y a una **remuneración suficiente** para satisfacer sus necesidades y las de su familia, sin que **en ningún caso** pueda hacerse **discriminación** por razón de **sexo**.

2. La ley regulará un **estatuto de los trabajadores**.

ARTÍCULO 36
COLEGIOS PROFESIONALES

La ley regulará las **peculiaridades propias** del régimen jurídico de los **Colegios Profesionales** y el ejercicio dee las profesiones tituladas. La **estructura interna** y el **funcionamiento** de los Colegios deberán ser **democráticos**.

ARTÍCULO 37
CONVENIOS Y CONFLICTOS LABORALES

1. La ley garantizará el derecho a la **negociación colectiva laboral** entre los representantes de los trabajadores y empresarios, así como la **fuerza vinculante de los convenios**.

2. Se reconoce el derecho de los **trabajadores y empresarios** a adoptar **medidas de conflicto colectivo**. **La ley que regule** el ejercicio de este derecho, sin perjuicio de las **limitaciones** que puedan establecer, **incluirá las garantías precisas** para **asegurar** el **funcionamiento** de los **servicios esenciales** de la comunidad.

Notas:

....
....
....
....

ARTÍCULO 38
LIBERTAD DE EMPRESA. ECONOMÍA DE MERCADO

Se reconoce la **libertad de empresa** en el marco de la **economía de mercado**. Los **poderes públicos garantizan y protegen** su **ejercicio** y la **defensa de la productividad**, de acuerdo con las **exigencias** de la **economía genera**l y, en su caso, de la **planificación**.

CAPÍTULO TERCERO
DE LOS PRINCIPIOS RECTORES DE LA POLÍTICA SOCIAL Y ECONÓMICA

ARTÍCULO 39
PROTECCIÓN A LA FAMILIA Y A LA INFANCIA

1. Los **poderes públicos aseguran** la **protección social**, **económica** y **jurídica** de la **familia**.

2. Los **poderes públicos aseguran**, asimismo, la **protección integral** de los **hijos**, iguales estos ante **la ley** con independencia de su filiación, **y de las madres**, cualquiera que sea su estado civil. **La ley** posibilitará la **investigación** de la **paternidad**.

3. Los **padres** deben prestar **asistencia** de todo orden a los **hijos** habidos **dentro o fuera del matrimonio**, **durante** su **minoría de edad** y en los demás **casos** en que **legalmente proceda**.

4. Los **niños gozarán** de la **protección** prevista en los **acuerdos internacionales** que velan por **sus derechos**.

ARTÍCULO 40
REDISTRIBUCIÓN DE LA RENTA. PLENO EMPLEO

1. Los **poderes públicos promoverán** las **condiciones favorables** para el **progreso social y económico** y para una **distribución** de la **renta regional y personal más equitativa**, en el marco de una **política de estabilidad económica**. De manera **especial** realizarán una **política** orientada al **pleno empleo**.

2. Asimismo, los **poderes públicos fomentarán** una **política** que **garantice** la **formación y readaptación profesionales**; **velarán** por la **seguridad e higiene** en el trabajo y **garantizarán** el **descanso necesario**, mediante la **limitación** de la **jornada laboral**, las **vacaciones periódicas retribuidas** y la **promoción de centros adecuados**.

ARTÍCULO 41
SEGURIDAD SOCIAL

Los **poderes públicos mantendrán** un régimen público de **Seguridad Social** para **todos los ciudadanos**, que garantice la **asistencia y prestaciones sociales suficientes** ante situaciones de necesidad, **especialmente** en caso de desempleo. La asistencia y prestaciones **complementarias** serán **libres**.

ARTÍCULO 42
EMIGRANTES

El **Estado velará especialmente** por la **salvaguardia de los derechos** económicos y sociales de los trabajadores **españoles en el extranjero** y **orientará** su **política** hacia su **retorno**.

ARTÍCULO 43
PROTECCIÓN A LA SALUD Y FOMENTO DEL DEPORTE

1. Se reconoce el derecho a la **protección de la salud**.

2. Compete a los **poderes públicos organizar y tutelar** la **salud pública** a través de **medidas preventivas** y de las **prestaciones y servicios** necesarios. **La ley establecerá** los **derechos y deberes** de todos al respecto.

3. Los **poderes públicos fomentarán** la **educación sanitaria**, la educación **física** y el **deporte**. Asimismo **facilitarán** la **adecuada utilización** del **ocio**.

ARTÍCULO 44
ACCESO A LA CULTURA

1. Los **poderes públicos promoverán y tutelarán** el **acceso** a la **cultura**, a la que todos tienen derecho.

2. Los **poderes públicos promoverán** la **ciencia** y la **investigación científica** y **técnica** en beneficio del **interés general**.

ARTÍCULO 45
MEDIO AMBIENTE. CALIDAD DE VIDA

1. Todos tienen el **derecho** a disfrutar de un **medio ambiente** adecuado para el **desarrollo** de la persona, así como el **deber** de **conservarlo**.

2. Los **poderes públicos velarán** por la **utilización racional** de todos los **recursos naturales**, con el fin de **proteger y mejorar** la calidad de la vida y **defender y restaurar** el medio ambiente, apoyándose en la indispensable **solidaridad colectiva**.

3. Para quienes **violen** lo dispuesto en el apartado anterior, en los términos que la ley fije **se establecerán sanciones penales** o, en su caso, **administrativas**, así como la **obligación** de **reparar** el daño causado.

Notas:

ARTÍCULO 46
CONSERVACIÓN DEL PATRIMONIO ARTÍSTICO

Los **poderes públicos garantizarán** la **conservación** y **promoverán** el enriquecimiento del **patrimonio histórico, cultural y artístico** de los pueblos de España y de los bienes que lo integran, cualquiera que sea su **régimen jurídico y su titularidad**. **La ley penal** sancionará los **atentados** contra este patrimonio.

ARTÍCULO 47
DERECHO A LA VIVIENDA. UTILIZACIÓN DEL SUELO

Todos los españoles tienen **derecho** a disfrutar de una **vivienda digna y adecuada**. Los **poderes públicos promoverán** las **condiciones necesarias** y **establecerán** las normas pertinentes para hacer efectivo este derecho, **regulando** la **utilización** del **suelo** de acuerdo con el interés general para impedir la **especulación**. La **comunidad** participará en las **plusvalías** que genere la **acción urbanística** de los entes públicos.

ARTÍCULO 48
PARTICIPACIÓN DE LA JUVENTUD

Los **poderes públicos promoverán** las condiciones para la participación **libre** y **eficaz** de la **juventud** en el desarrollo **político, social, económico y cultural**.

ARTÍCULO 49
ATENCIÓN A PERSONAS CON DISCAPACIDAD

1. Las personas con discapacidad ejercen los **derechos** previstos en este Título en **condiciones** de **libertad e igualdad reales y efectivas**. Se regulará por **ley** la **protección especial** que sea necesaria para dicho ejercicio.

2. Los **poderes públicos impulsarán** las políticas que garanticen la **plena autonomía personal y la inclusión social** de las personas con discapacidad, en **entornos universalmente accesibles**. Asimismo, fomentarán la **participación** de sus **organizaciones**, en los términos que la **ley** establezca. Se atenderán **particularmente** las **necesidades específicas** de las **mujeres** y los **menores** con discapacidad.

ARTÍCULO 50
TERCERA EDAD

Los **poderes públicos garantizarán**, mediante **pensiones adecuadas** y periódicamente **actualizadas**, la **suficiencia económica** a los ciudadanos durante la **tercera edad**. Asimismo, y con independencia de las obligaciones familiares, **promoverán su bienestar** mediante un sistema de **servicios sociales** que atenderán sus problemas específicos de **salud, vivienda, cultura y ocio**.

ARTÍCULO 51
DEFENSA DE LOS CONSUMIDORES

1. Los **poderes públicos garantizarán** la defensa de los **consumidores** y **usuarios**, protegiendo, mediante **procedimientos eficaces**, la **seguridad**, la **salud** y los **legítimos intereses económicos** de los mismos.

2. Los **poderes públicos promoverán** la **información** y la **educación** de los **consumidores y usuarios**, **fomentarán** sus **organizaciones** y **oirán** a estas en las cuestiones que puedan afectar a aquellos, en los términos que la **ley** establezca.

3. En el marco de lo dispuesto por los apartados anteriores, **la ley regulará** el **comercio interior** y el régimen de **autorización** de **productos comerciales**.

ARTÍCULO 52
ORGANIZACIONES PROFESIONALES

La ley regulará las **organizaciones profesionales** que contribuyan a la defensa de los intereses económicos que les sean propios. Su **estructura interna** y **funcionamiento** deberán ser **democráticos**.

CAPÍTULO CUARTO
DE LAS GARANTÍAS DE LAS LIBERTADES Y DERECHOS FUNDAMENTALES

ARTÍCULO 53
TUTELA DE LAS LIBERTADES Y DERECHOS

1. Los derechos y libertades reconocidos en el Capítulo segundo del presente Título **vinculan** a **todos** los **poderes públicos**. Solo **por ley**, que en todo caso deberá respetar su contenido esencial, podrá regularse el ejercicio de tales derechos y libertades, que se tutelarán de acuerdo con lo previsto en el **artículo 161.1.*a*)**.

2. Cualquier **ciudadano** podrá recabar la **tutela** de las libertades y derechos reconocidos en el **artículo 14 y la Sección primera del Capítulo segundo** ante los Tribunales ordinarios por un procedimiento basado en los principios de **preferencia y sumariedad** y, en su caso, a través del **recurso de amparo** ante el Tribunal Constitucional. Este último recurso será aplicable a la **objeción de conciencia** reconocida en el **artículo 30**.

Notas:

3. El **reconocimiento**, el **respeto** y la **protección** de los principios reconocidos en el Capítulo tercero **informarán** la **legislación positiva**, la **práctica judicial** y la **actuación** de los **poderes públicos**. **Solo** podrán ser **alegados** ante la **Jurisdicción ordinaria** de acuerdo con lo que dispongan las **leyes** que los **desarrollen**.

ARTÍCULO 54
EL DEFENSOR DEL PUEBLO

Una **ley orgánica** regulará la institución del **Defensor del Pueblo**, como alto comisionado de las Cortes Generales, designado por estas para la **defensa** de los **derechos** comprendidos en este Título, a cuyo efecto podrá **supervisar** la **actividad** de la **Administración**, dando cuenta a las **Cortes Generales**.

CAPÍTULO QUINTO
DE LA SUSPENSIÓN DE LOS DERECHOS Y LIBERTADES

ARTÍCULO 55
SUSPENSIÓN DE DERECHOS Y LIBERTADES

1. Los derechos reconocidos en los **artículos 17, 18, apartados 2 y 3, artículos 19, 20, apartados 1.a) y d), y 5, artículos 21, 28, apartado 2, y artículo 37, apartado 2**, podrán ser **suspendidos** cuando se acuerde la declaración del estado de **excepción** o de **sitio** en los términos previstos en la **Constitución**. Se **exceptúa** de lo establecido **anteriormente** el **apartado 3 del artículo 17** para el supuesto de declaración de estado de **excepción**.

2. Una **ley orgánica** podrá determinar la forma y los casos en los que, de forma **individual** y con la necesaria **intervención judicial** y el adecuado **control parlamentario**, los derechos reconocidos en los **artículos 17, apartado 2, y 18, apartados 2 y 3**, pueden ser suspendidos para **personas determinadas**, en relación con las **investigaciones** correspondientes a la actuación de **bandas armadas** o **elementos terroristas**.

La utilización **injustificada o abusiva** de las **facultades** reconocidas en dicha ley orgánica producirá responsabilidad **penal**, como violación de los **derechos** y **libertades** reconocidos por las **leyes**.

a quien madruga...
EL CAFÉ LE AYUDA

CINTHIA MOURE

TÍTULO
02

De la Corona

ARTÍCULO 56
EL REY

1. El **Rey** es el **Jefe del Estado**, **símbolo** de su **unidad** y **permanencia**, **arbitra** y **modera** el **funcionamiento regular** de las **instituciones**, **asume** la **más alta representación** del **Estado** español en las relaciones internacionales, especialmente con las naciones de su comunidad histórica, y **ejerce** las **funciones** que le atribuyen expresamente la **Constitución** y las **leyes**.

2. Su **título** es el de **Rey** de **España** y podrá utilizar los **demás** que correspondan a la **Corona**.

3. La **persona** del **Rey** es **inviolable** y **no** está **sujeta** a **responsabilidad**. Sus actos estarán **siempre refrendados** en la forma establecida en el **artículo 64**, careciendo de **validez sin** dicho refrendo, **salvo** lo dispuesto en el **artículo 65.2**.

ARTÍCULO 57
SUCESIÓN EN LA CORONA

1. La **Corona** de España es **hereditaria** en los **sucesores** de **S.M. Don Juan Carlos I de Borbón**, legítimo heredero de la dinastía histórica. La **sucesión** en el **trono** seguirá el **orden regular de primogenitura y representación**, siendo preferida siempre la línea anterior a las posteriores; en la **misma línea**, el grado **más próximo al más remoto**; en el **mismo grado**, el **varón a la mujer**, y en el **mismo sexo**, la persona de **más edad** a la de **menos**.

2. El **Príncipe heredero**, desde su nacimiento o desde que se produzca el hecho que origine el llamamiento, tendrá la **dignidad** de **Príncipe** de **Asturias** y los **demás títulos vinculados tradicionalmente al sucesor** de la Corona de España.

3. Extinguidas todas las **líneas** llamadas en Derecho, las **Cortes Generales proveerán** a la **sucesión** en la Corona en la forma que **más convenga** a los **intereses de España**.

4. Aquellas personas que teniendo **derecho** a la **sucesión** en el trono contrajeren **matrimonio** contra la **expresa prohibición** del **Rey** y de las **Cortes Generales**, **quedarán excluidas** en la sucesión a la Corona **por sí y sus descendientes**.

5. Las **abdicaciones** y **renuncias** y cualquier **duda de hecho o de derecho** que ocurra en el orden de sucesión a la Corona se resolverán por una **ley orgánica**.

Notas:

ARTÍCULO 58

LA REINA

La **Reina consorte** o el **consorte** de la **Reina no** podrán asumir **funciones constituciona-les**, **salvo** lo dispuesto para la **Regencia**.

ARTÍCULO 59

LA REGENCIA

1. Cuando el **Rey fuere menor de edad**, el **padre** o la **madre** del Rey y, en su defecto, el **pariente mayor** de **edad más próximo** a suceder en la Corona, según el orden estableci-do en la Constitución, entrará a ejercer **inmediatamente** la **Regencia** y la ejercerá **durante el tiempo de la minoría de edad** del Rey.

2. Si el **Rey se inhabilitare** para el ejercicio de su autoridad y la **imposibilidad** fuere **reconocida** por las **Cortes Generales**, entrará a ejercer **inmediatamente** la **Regencia** el **Príncipe** heredero de la Corona, **si** fuere **mayor de edad**. Si **no** lo fuere, se procederá de la manera **prevista** en el apartado **anterior**, **hasta** que el Príncipe heredero alcance la **mayoría** de edad.

3. Si **no** hubiere ninguna **persona** a quien corresponda la **Regencia**, esta será nombrada por las **Cortes Generales**, y se compondrá de **1, 3 o 5 personas**.

4. Para ejercer la **Regencia** es preciso ser **español** y **mayor de edad**.

5. La **Regencia** se ejercerá por **mandato constitucional** y siempre en **nombre** del **Rey**.

ARTÍCULO 60

TUTELA DEL REY

1. Será **tutor** del **Rey menor** la **persona** que en su testamento hubiese nombrado el **Rey difunto**, siempre que sea **mayor de edad** y **español de nacimiento**; **si no** lo hubiese nombrado, será tutor el **padre o la madre** mientras permanezcan **viudos**. En su defecto, lo nombrarán las **Cortes Generales**, pero **no podrán acumularse** los cargos de **Regente** y de **tutor** sino en el **padre**, **madre** o **ascendientes directos** del Rey.

2. El ejercicio de la tutela es también **incompatible** con el de todo **cargo** o **representación política**.

ARTÍCULO 61

JURAMENTO ANTE LAS CORTES

1. El **Rey**, al ser **proclamado ante las Cortes Generales**, prestará **juramento** de **desem-peñar fielmente** sus funciones, **guardar y hacer guardar** la **Constitución y las leyes** y **respetar** los **derechos** de los **ciudadanos** y de las **Comunidades Autónomas**.

2. El **Príncipe heredero**, al alcanzar la **mayoría** de edad, y el **Regente** o Regentes al hacer-se cargo de sus funciones, prestarán el **mismo juramento**, así como el de **fidelidad al Rey**.

ARTÍCULO 62
FUNCIONES DEL REY

Corresponde al Rey:

A) **Sancionar** y **promulgar** las leyes.

B) **Convocar** y **disolver** las **Cortes Generales** y **convocar elecciones** en los términos previstos en la Constitución.

C) **Convocar** a **referéndum** en los casos previstos en la Constitución.

D) **Proponer** el **candidato** a **Presidente** del **Gobierno** y, en su caso, **nombrarlo**, así como **poner fin** a sus funciones en los términos previstos en la Constitución.

E) **Nombrar** y **separar** a los **miembros** del Gobierno, a propuesta de su Presidente.

F) **Expedir** los **decretos** acordados en el **Consejo de Ministros**, conferir los **empleos civiles y militares** y conceder **honores** y **distinciones** con arreglo a **las leyes**.

G) **Ser informado** de los **asuntos de Estado y presidir**, a estos efectos, **las sesiones** del **Consejo de Ministros**, cuando lo estime oportuno, a **petición** del **Presidente del Gobierno**.

H) El **mando supremo** de las **Fuerzas Armadas**.

I) **Ejercer** el **derecho** de **gracia** con arreglo a **la ley**, que **no** podrá autorizar **indultos generales**.

J) El **Alto Patronazgo** de las **Reales Academias**.

ARTÍCULO 63
OTRAS FUNCIONES DEL REY

1. El **Rey acredita** a los **embajadores** y otros representantes **diplomáticos**. Los representantes extranjeros en España están **acreditados ante él**.

2. Al Rey corresponde manifestar el **consentimiento** del **Estado** para **obligarse internacionalmente** por medio de **tratados**, de conformidad con la Constitución y las leyes.

3. Al Rey corresponde, previa **autorización** de las **Cortes Generales**, **declarar** la **guerra** y **hacer** la **paz**.

Notas:

ARTÍCULO 64
REFRENDO DE LOS ACTOS DEL REY

1. Los **actos** del **Rey** serán **refrendados** por el **Presidente** del **Gobierno** y, en su caso, por los **Ministros** competentes. La **propuesta** y el **nombramiento** del **Presidente** del Gobierno, y la disolución prevista en el **artículo 99**, serán **refrendados** por el **Presidente del Congreso**.

2. De los **actos** del **Rey** serán **responsables** las **personas** que los **refrenden**.

ARTÍCULO 65
LA CASA DEL REY

1. El **Rey recibe** de los **Presupuestos** del Estado una **cantidad global** para el **sostenimiento** de su **Familia** y **Casa**, y **distribuye** libremente la misma.

2. El Rey **nombra** y **releva libremente** a los miembros **civiles** y **militares** de su Casa.

CINTHIA MOURE

CORTES
GENERALES

TÍTULO

03

De las Cortes Generales

CAPÍTULO PRIMERO
DE LAS CÁMARAS

ARTÍCULO 66
CORTES GENERALES: POTESTAD LEGISLATIVA Y CONTROL DEL GOBIERNO

1. Las Cortes Generales **representan** al pueblo español y están **formadas** por el **Congreso de los Diputados** y el **Senado**.

2. Las Cortes Generales **ejercen** la **potestad legislativa** del Estado, **aprueban** sus **Presupuestos**, **controlan** la **acción del Gobierno** y tienen las demás **competencias** que les atribuya la **Constitución**.

3. Las Cortes Generales son **inviolables**.

ARTÍCULO 67
EL MANDATO PARLAMENTARIO

1. Nadie podrá ser **miembro** de las dos Cámaras **simultáneamente**, ni **acumular** el acta de una **Asamblea de Comunidad Autónoma** con la de **Diputado al Congreso**.

2. Los **miembros** de las **Cortes Generales no** estarán **ligados** por **mandato imperativo**.

3. Las **reuniones** de Parlamentarios que se celebren **sin convocatoria reglamentaria no vincularán** a las Cámaras, y **no** podrán **ejercer** sus **funciones** ni ostentar sus **privilegios**.

ARTÍCULO 68
EL CONGRESO DE LOS DIPUTADOS

1. El Congreso se compone de un **mínimo de 300** y un **máximo de 400** Diputados, elegidos por sufragio **universal**, **libre**, **igual**, **directo** y **secreto**, en los términos que establezca **la ley**.

2. La **circunscripción electoral** es la **provincia**. Las poblaciones de **Ceuta** y **Melilla** estarán representadas **cada** una de ellas por **un Diputado**. **La ley distribuirá** el número total de Diputados, asignando una representación **mínima inicial** a cada circunscripción y distribuyendo los **demás** en **proporción** a la **población**.

3. La **elección** se verificará en **cada circunscripción** atendiendo a criterios de representación **proporcional**.

Notas:

---

4. El **Congreso** es elegido por **4 años**. El mandato de los Diputados termina **4 años** después de su elección o el día de la disolución de la Cámara.

5. Son **electores** y **elegibles** todos los españoles que estén en pleno uso de sus derechos políticos.

La ley reconocerá y el Estado facilitará el ejercicio del derecho de sufragio a los españoles que se encuentren fuera del territorio de España.

6. Las **elecciones** tendrán lugar entre los **30 días y 60 días** desde la **terminación** del mandato. El **Congreso electo** deberá ser convocado dentro de los **25 días siguientes** a la celebración de las elecciones.

ARTÍCULO 69
EL SENADO, CÁMARA DE REPRESENTACIÓN TERRITORIAL

1. El **Senado** es la **Cámara** de **representación territorial**.

2. En **cada provincia** se elegirán **4 Senadores** por sufragio **universal**, **libre**, **igual**, **directo** y **secreto** por los votantes de cada una de ellas, en los términos que señale una **ley orgánica**.

3. En las **provincias insulares**, **cada** isla o agrupación de ellas, con Cabildo o Consejo Insular, constituirá **una circunscripción** a efectos de elección de Senadores, correspondiendo **3** a cada una de las islas mayores –**Gran Canaria, Mallorca y Tenerife**– y **1** a cada una de las siguientes islas o agrupaciones: **Ibiza-Formentera, Menorca, Fuerteventura, Gomera, Hierro, Lanzarote** y **La Palma**.

4. Las poblaciones de **Ceuta** y **Melilla** elegirán **cada** una de ellas **2 Senadores**.

5. Las **Comunidades Autónomas designarán además 1 Senador** y **otro más** por cada **millón** de habitantes de su respectivo territorio. La **designación corresponderá** a la Asamblea legislativa o, en su defecto, al **órgano colegiado superior** de la Comunidad Autónoma, de acuerdo con lo que establezcan los Estatutos, que **asegurarán**, en todo caso, la adecuada **representación proporcional**.

6. El Senado es elegido por **4 años**. El mandato de los Senadores termina **4 años** después de su elección o el día de la disolución de la Cámara.

ARTÍCULO 70
INCOMPATIBILIDADES E INELEGIBILIDADES

1. La **ley electoral** determinará las **causas** de **inelegibilidad** e **incompatibilidad** de los Diputados y Senadores, que comprenderán, en todo caso:

A) A los **componentes** del **Tribunal Constitucional**.

B) A los **altos cargos** de la **Administración** del **Estado** que determine la ley, con la **excepción** de los miembros del Gobierno.

C) Al **Defensor** del **Pueblo**.

D) A los **Magistrados**, **Jueces** y **Fiscales** en **activo**.

E) A los **militares profesionales** y **miembros** de las **Fuerzas** y **Cuerpos** de **Seguridad** y **Policía** en **activo**.

F) A los **miembros** de las **Juntas Electorales**.

2. La **validez** de las **actas** y **credenciales** de los miembros de ambas Cámaras estará **sometida al control judicial**, en los términos que establezca **la ley electoral**.

ARTÍCULO 71
INVIOLABILIDAD E INMUNIDAD PARLAMENTARIAS

1. Los Diputados y Senadores gozarán de **inviolabilidad** por las **opiniones** manifestadas en el ejercicio de sus **funciones**.

2. Durante el **período** de su mandato los Diputados y Senadores gozarán, asimismo, de **inmunidad** y **solo** podrán ser **detenidos** en caso de **flagrante delito**. **No** podrán ser **inculpados** ni **procesados** sin la **previa autorización** de la Cámara respectiva.

3. En las causas contra Diputados y Senadores será competente la **Sala** de lo Penal del **Tribunal Supremo**.

4. Los Diputados y Senadores percibirán una **asignación** que será **fijada** por las **respectivas Cámaras**.

ARTÍCULO 72
REGLAMENTOS DE LAS CÁMARAS

1. Las **Cámaras establecen** sus propios **Reglamentos**, aprueban **autónomamente** sus **presupuestos** y, de común acuerdo, regulan el Estatuto del **Personal** de las Cortes Generales. Los **Reglamentos** y su **reforma** serán sometidos a una **votación final** sobre su totalidad, que requerirá la **mayoría absoluta**.

2. Las **Cámaras eligen** sus respectivos **Presidentes** y los demás **miembros** de sus **Mesas**. Las sesiones **conjuntas** serán presididas por el **Presidente del Congreso** y se regirán por un **Reglamento de las Cortes Generales** aprobado por **mayoría absoluta** de **cada Cámara**.

3. Los **Presidentes** de las Cámaras ejercen en nombre de las mismas todos los **poderes administrativos** y **facultades** de **policía** en el interior de sus respectivas sedes.

Notas:

ARTÍCULO 73
SESIONES DE LAS CÁMARAS

1. Las Cámaras se reunirán **anualmente** en **dos períodos ordinarios** de sesiones: el **primero**, de **septiembre** a **diciembre**, y el **segundo**, de **febrero** a **junio**.

2. Las Cámaras podrán reunirse en sesiones **extraordinarias** a **petición** del **Gobierno**, de la **Diputación Permanente** o de la **mayoría absoluta** de los **miembros** de cualquiera de las **Cámaras**. Las sesiones extraordinarias deberán convocarse sobre un **orden del día determinado** y serán **clausuradas** una vez que este haya sido **agotado**.

ARTÍCULO 74
SESIONES CONJUNTAS DE LAS CÁMARAS

1. Las Cámaras se reunirán en sesión **conjunta** para ejercer las **competencias no legislativas** que el **Título II** atribuye expresamente a las Cortes Generales.

2. Las **decisiones** de las Cortes Generales previstas en los **artículos 94.1, 145.2** y **158.2**, se adoptarán por **mayoría** de **cada** una de las **Cámaras**. En el **primer** caso, el procedimiento se iniciará por el **Congreso**, y en los **otros dos**, por el **Senado**. En **ambos** casos, si **no** hubiera **acuerdo** entre Senado y Congreso, se intentará obtener por una **Comisión Mixta** compuesta de igual número de Diputados y Senadores. La Comisión presentará un **texto** que será **votado** por **ambas** Cámaras. Si **no** se aprueba en la forma establecida, decidirá el Congreso por **mayoría absoluta**.

ARTÍCULO 75
EL PLENO Y LAS COMISIONES DE LAS CÁMARAS

1. Las **Cámaras** funcionarán en **Pleno** y por **Comisiones**.

2. Las Cámaras podrán **delegar** en las **Comisiones Legislativas Permanentes** la aprobación de proyectos o proposiciones de ley. El **Pleno** podrá, no obstante, **recabar en cualquier momento** el debate y votación de cualquier proyecto o proposición de ley que haya sido objeto de esta delegación.

3. Quedan **exceptuados** de lo dispuesto en el apartado anterior la **reforma constitucional**, las cuestiones **internacionales**, las **leyes orgánicas** y **de bases** y los **Presupuestos Generales del Estado**.

ARTÍCULO 76
COMISIÓN DE INVESTIGACIÓN

1. El **Congreso** y el **Senado**, y, en su caso, **ambas Cámaras** conjuntamente, podrán **nombrar Comisiones** de **investigación** sobre cualquier asunto de **interés público**. Sus conclusiones **no** serán **vinculantes** para los **Tribunales**, **ni afectarán** a las **resoluciones judiciales**, sin perjuicio de que el **resultado** de la investigación sea **comunicado** al **Ministerio Fiscal** para el ejercicio, cuando proceda, de las acciones oportunas.

2. Será **obligatorio comparecer** a **requerimiento** de las **Cámaras**. La **ley** regulará las **sanciones** que puedan imponerse por **incumplimiento** de esta obligación.

ARTÍCULO 77
PETICIONES A LAS CÁMARAS

1. Las Cámaras pueden recibir **peticiones individuales y colectivas**, siempre **por escrito**, quedando **prohibida** la presentación **directa** por **manifestaciones** ciudadanas.

2. Las Cámaras pueden **remitir** al **Gobierno** las **peticiones** que reciban. El Gobierno está **obligado a explicarse** sobre su contenido, **siempre** que las **Cámaras lo exijan**.

ARTÍCULO 78
DIPUTACIONES PERMANENTES

1. En **cada** Cámara habrá una **Diputación Permanente** compuesta por un **mínimo** de **veintiún miembros**, que representarán a los **grupos parlamentarios**, en **proporción** a su importancia numérica.

2. Las Diputaciones Permanentes estarán **presididas** por el **Presidente** de la **Cámara** respectiva y tendrán como funciones la prevista en el **artículo 73**, la de asumir las **facultades** que correspondan a las Cámaras, de acuerdo con los **artículos 86** y **116**, en caso de que estas hubieren sido **disueltas** o hubiere **expirado** su mandato y la de **velar** por los **poderes** de las Cámaras cuando estas **no** estén **reunidas**.

3. Expirado el **mandato** o en caso de disolución, las Diputaciones Permanentes seguirán ejerciendo sus **funciones hasta** la constitución de las **nuevas** Cortes Generales.

4. Reunida la **Cámara** correspondiente, la Diputación Permanente **dará cuenta** de los **asuntos tratados** y de sus **decisiones**.

Notas:

ARTÍCULO 79
ADOPCIÓN DE ACUERDOS

1. Para **adoptar acuerdos**, las Cámaras deben estar **reunidas reglamentariamente** y con asistencia de la **mayoría** de sus **miembros**.

2. Dichos acuerdos, para ser **válidos**, deberán ser aprobados por la **mayoría** de los miembros **presentes**, sin perjuicio de las **mayorías especiales** que establezcan la **Constitución o las leyes orgánicas** y las que para **elección de personas** establezcan los **Reglamentos de las Cámaras**.

3. El **voto** de **Senadores** y **Diputados** es **personal** e **indelegable**.

ARTÍCULO 80
PUBLICIDAD DE LAS SESIONES

Las **sesiones** plenarias de las Cámaras serán **públicas**, **salvo acuerdo** en **contrario** de cada Cámara, adoptado por **mayoría absoluta** o con arreglo al **Reglamento**.

CAPÍTULO SEGUNDO
DE LA ELABORACIÓN DE LAS LEYES

ARTÍCULO 81
LAS LEYES ORGÁNICAS

1. Son **leyes orgánicas** las relativas al desarrollo de los **derechos fundamentales** y de las **libertades públicas**, las que aprueben los **Estatutos** de **Autonomía** y el **régimen electoral general** y las **demás** previstas en la Constitución.

2. La **aprobación**, **modificación** o **derogación** de las leyes orgánicas exigirá **mayoría absoluta del Congreso**, en una **votación final** sobre el **conjunto** del **proyecto**.

ARTÍCULO 82
LA DELEGACIÓN LEGISLATIVA

1. Las **Cortes Generales** podrán **delegar en el Gobierno** la potestad de **dictar normas** con **rango** de **ley** sobre materias determinadas no incluidas en el artículo anterior.

2. La delegación legislativa deberá otorgarse mediante una **ley de bases** cuando su objeto sea la formación de **textos articulados** o por una **ley ordinaria** cuando se trate de **refundir** varios textos legales en uno solo.

3. La delegación legislativa **habrá de otorgarse** al Gobierno de **forma expresa** para **materia concreta** y con **fijación** del **plazo** para su **ejercicio**. La delegación se agota por el uso que de ella haga el Gobierno mediante la publicación de la norma correspondiente. **No** podrá entenderse **concedida** de **modo implícito** o por **tiempo indeterminado**. **Tampoco** podrá permitir la **subdelegación** a **autoridades distintas** del **propio Gobierno**.

CINTHIA MOURE

4. Las **leyes de bases delimitarán** con **precisión** el **objeto** y **alcance** de la **delegación legislativa** y los **principios** y **criterios** que han de seguirse en su **ejercicio**.

5. La **autorización** para **refundir** textos legales **determinará** el **ámbito normativo** a que se refiere el contenido de la delegación, **especificando** si se circunscribe a la **mera formulación** de un **texto único** o si se **incluye** la de **regularizar**, **aclarar** y **armonizar los textos legales que han de ser refundidos**.

6. Sin perjuicio de la **competencia** propia de los **Tribunales**, las leyes de delegación podrán establecer en cada caso **fórmulas adicionales** de **control**.

ARTÍCULO 83
LIMITACIÓN A LAS LEYES DE BASES

Las leyes de bases no podrán en ningún caso:

A) Autorizar la modificación de la propia ley de bases.

B) Facultar para **dictar normas** con **carácter retroactivo**.

ARTÍCULO 84
PROTECCIÓN DE LAS DELEGACIONES LEGISLATIVAS

Cuando una **proposición** de ley o una **enmienda** fuere **contraria** a una **delegación legislativa en vigor**, el **Gobierno** está **facultado** para **oponerse** a su tramitación. En tal supuesto, podrá presentarse una **proposición** de ley para la **derogación total** o **parcial** de la **ley** de **delegación**.

ARTÍCULO 85
DECRETOS LEGISLATIVOS

Las **disposiciones** del **Gobierno** que contengan **legislación delegada** recibirán el título de **Decretos Legislativos**.

ARTÍCULO 86
DECRETOS-LEYES Y SU CONVALIDACIÓN

1. En caso de **extraordinaria y urgente necesidad**, el Gobierno podrá dictar disposiciones legislativas **provisionales** que tomarán la forma de **Decretos-leyes** y que **no podrán afectar** al ordenamiento de las **instituciones básicas** del Estado, a los derechos, deberes y libertades de los ciudadanos regulados en el **Título I**, al régimen de las **Comunidades Autónomas** ni al Derecho **electoral** general.

Notas:

2. Los Decretos-leyes deberán ser **inmediatamente** sometidos a **debate** y **votación** de **totalidad** al **Congreso** de los Diputados, convocado al efecto si no estuviere reunido, en el plazo de los **30 días siguientes** a su promulgación. El Congreso habrá de **pronunciarse expresamente** dentro de dicho plazo sobre su **convalidación** o **derogación**, para lo cual el Reglamento establecerá un **procedimiento especial y sumario**.

3. Durante el plazo establecido en el apartado anterior, las Cortes podrán tramitarlos como **proyectos de ley** por el **procedimiento de urgencia**.

ARTÍCULO 87
INICIATIVA LEGISLATIVA

1. La iniciativa legislativa corresponde al **Gobierno**, al **Congreso** y al **Senado**, de acuerdo con la **Constitución** y los **Reglamentos** de las **Cámaras**.

2. Las **Asambleas de las Comunidades Autónomas** podrán solicitar del Gobierno la adopción de un **proyecto de ley** o remitir a la Mesa del Congreso una **proposición de ley**, delegando ante dicha Cámara un máximo de **3 miembros** de la Asamblea encargados de su defensa.

3. Una **ley orgánica** regulará las formas de ejercicio y requisitos de la **iniciativa popular** para la presentación de **proposiciones de ley**. En todo caso se exigirán **no menos de 500.000 firmas acreditadas**. No procederá dicha iniciativa en materias propias de ley orgánica, tributarias o de carácter internacional, ni en lo relativo a la prerrogativa de gracia.

ARTÍCULO 88
PROYECTOS DE LEY

Los **proyectos de ley** serán aprobados en **Consejo de Ministros**, que los someterá al Congreso, acompañados de una **exposición de motivos** y de los **antecedentes** necesarios para pronunciarse sobre ellos.

ARTÍCULO 89
PROPOSICIONES DE LEY

1. La tramitación de las **proposiciones de ley** se regulará por los **Reglamentos** de las **Cámaras**, sin que la prioridad debida a los proyectos de ley impida el ejercicio de la iniciativa legislativa en los términos regulados por el **artículo 87**.

2. Las proposiciones de ley que, de acuerdo con el **artículo 87**, tome en consideración el **Senado, se remitirán al Congreso** para su trámite en este como tal proposición.

ARTÍCULO 90
ACTUACIÓN LEGISLATIVA DEL SENADO

1. Aprobado un proyecto de **ley** ordinaria u orgánica por el **Congreso** de los Diputados, su Presidente dará inmediata **cuenta** del mismo al **Presidente** del **Senado**, el cual lo someterá a la **deliberación** de este.

2. El Senado en el plazo de **2 meses**, a partir del día de la recepción del texto, puede, mediante mensaje motivado, oponer su **veto** o introducir **enmiendas** al mismo. El **veto** deberá ser aprobado por **mayoría absoluta**. El proyecto no podrá ser sometido al Rey para sanción sin que el **Congreso ratifique** por **mayoría absoluta**, en caso de veto, el texto inicial, o por **mayoría simple**, una vez transcurridos **2 meses** desde la interposición del mismo, o se pronuncie sobre las enmiendas, **aceptándolas o no** por **mayoría simple**.

3. El plazo de **2 meses** de que el Senado dispone para vetar o enmendar el proyecto se reducirá al de **20 días naturales** en los **proyectos declarados urgentes** por el Gobierno o por el Congreso de los Diputados.

ARTÍCULO 91
SANCIÓN´Y PROMULGACIÓN DE LAS LEYES

El **Rey sancionará** en el plazo de **15 días** las leyes aprobadas por las Cortes Generales, y las **promulgará** y **ordenará** su inmediata **publicación**.

ARTÍCULO 92
REFERÉNDUM

1. Las **decisiones políticas** de **especial trascendencia** podrán ser sometidas a **referéndum consultivo** de **todos** los **ciudadanos**.

2. El referéndum será **convocado por el Rey**, mediante **propuesta** del **Presidente del Gobierno**, **previamente autorizada** por el **Congreso** de los Diputados.

3. Una **ley orgánica** regulará las **condiciones** y el **procedimiento** de las distintas **modalidades de referéndum** previstas en esta Constitución.

CAPÍTULO TERCERO
DE LOS TRATADOS INTERNACIONALES

ARTÍCULO 93
TRATADOS INTERNACIONALES

Mediante **ley orgánica** se podrá **autorizar** la celebración de **tratados** por los que se atribuya a una organización o institución **internacional** el ejercicio de competencias derivadas de la Constitución. Corresponde a las **Cortes Generales** o al **Gobierno**, **según** los **casos**, la **garantía** del **cumplimiento** de estos **tratados** y de las **resoluciones emanadas** de los organismos internacionales o supranacionales titulares de la cesión.

Notas:

ARTÍCULO 94

AUTORIZACIÓN DE LAS TT PARA DETERMINADOS TRATADOS INTERNACIONALES

1. La **prestación del consentimiento** del **Estado** para **obligarse por medio de tratados** o **convenios** requerirá la **previa autorización** de las **Cortes** Generales, en los siguientes casos:

A) Tratados de carácter **político**.

B) Tratados o convenios de carácter **militar**.

C) Tratados o convenios que afecten a la **integridad territorial** del Estado o a los **derechos** y **deberes fundamentales** establecidos en el Título I.

D) Tratados o convenios que impliquen **obligaciones financieras** para la **Hacienda Pública**.

E) Tratados o convenios que supongan **modificación** o **derogación** de alguna **ley** o **exijan medidas legislativas** para su ejecución.

2. El **Congreso** y el **Senado** serán **inmediatamente informados de** la **conclusión** de los **restantes tratados** o **convenios**.

ARTÍCULO 95

LOS TRATADOS INTERNACIONALES Y LA CONSTITUCIÓN

1. La celebración de un tratado internacional que contenga **estipulaciones contrarias** a la **Constitución** exigirá la **previa revisión constitucional**.

2. El **Gobierno** o cualquiera de las **Cámaras** puede **requerir** al Tribunal **Constitucional** para que **declare si existe o no** esa contradicción.

ARTÍCULO 96

DEROGACIÓN Y DENUNCIA DE LOS TRATADOS Y CONVENIOS

1. Los tratados internacionales **válidamente celebrados**, **una vez publicados** oficialmente en España, formarán **parte** del **ordenamiento interno**. Sus disposiciones solo podrán ser **derogadas**, **modificadas** o **suspendidas** en la forma **prevista** en los **propios tratados** o de acuerdo con las **normas generales** del **Derecho internacional**.

2. Para la **denuncia** de los tratados y convenios internacionales se utilizará el **mismo procedimiento** previsto para su **aprobación** en el **artículo 94**.

@vcnvalera
@elsellodechinin

TÍTULO

04

Del Gobierno
y de la Administración

ARTÍCULO 97
EL GOBIERNO

El **Gobierno dirige** la **política interior** y **exterior**, la **Administración civil** y **militar** y la **defensa** del **Estado**. Ejerce la **función ejecutiva** y la **potestad reglamentaria** de acuerdo con la **Constitución** y **las leyes**.

ARTÍCULO 98
COMPOSICIÓN Y ESTATUTO DEL GOBIERNO

1. El Gobierno **se compone** del **Presidente**, de los **Vicepresidentes**, en su caso, de los **Ministros** y de los **demás miembros** que establezca **la ley**.

2. El Presidente **dirige** la **acción** del **Gobierno** y **coordina** las **funciones** de los **demás miembros** del mismo, **sin perjuicio** de la **competencia** y **responsabilidad directa** de estos en su gestión.

3. Los miembros del Gobierno **no podrán** ejercer **otras funciones representativas** que las **propias del mandato parlamentario**, ni cualquier otra función pública que **no derive de su cargo**, ni actividad profesional o mercantil alguna.

4. **La ley** regulará el **estatuto** e **incompatibilidades** de los **miembros** del **Gobierno**.

ARTÍCULO 99
NOMBRAMIENTO DEL PRESIDENTE DEL GOBIERNO

1. **Después** de cada **renovación** del **Congreso** de los Diputados, y en los **demás supuestos** constitucionales en que así proceda, **el Rey**, previa **consulta** con los **representantes designados** por los Grupos políticos con representación parlamentaria, y **a través** del **Presidente** del **Congreso**, **propondrá un candidato** a la Presidencia del Gobierno.

2. El candidato propuesto conforme a lo previsto en el apartado anterior **expondrá ante el Congreso** de los Diputados el **programa político** del Gobierno que pretenda formar y **solicitará la confianza** de la Cámara.

3. Si el Congreso de los Diputados, por el voto de la **mayoría absoluta** de sus miembros, otorgare su confianza a dicho candidato, el Rey le nombrará Presidente. De **no alcanzarse** dicha **mayoría**, se someterá la misma propuesta a **nueva** votación **48 horas** después de la anterior, y la confianza se entenderá otorgada si obtuviere la **mayoría simple**.

Notas:

_____
_____
_____
_____

4. Si **efectuadas** las citadas **votaciones no se otorgase** la confianza para la investidura, se tramitarán **sucesivas propuestas** en la forma prevista en los apartados anteriores.

5. Si transcurrido el plazo de **2 meses**, a partir de la primera votación de investidura, ningún candidato hubiere obtenido la confianza del Congreso, el **Rey disolverá** ambas Cámaras y **convocará** nuevas elecciones con el **refrendo** del **Presidente del Congreso**.

ARTÍCULO 100
NOMBRAMIENTO DE LOS MINISTROS

Los **demás miembros** del Gobierno serán **nombrados** y **separados** por el **Rey**, a **propuesta** de su **Presidente**.

ARTÍCULO 101
CESE DEL GOBIERNO

1. El Gobierno **cesa** tras la **celebración** de elecciones generales, en los casos de **pérdida** de la **confianza** parlamentaria previstos en la Constitución, o por **dimisión** o **fallecimiento** de su Presidente.

2. El Gobierno cesante continuará **en funciones hasta** la toma de **posesión** del **nuevo Gobierno**.

ARTÍCULO 102
RESPONSABILIDAD DE LOS MIEMBROS DEL GOBIERNO

1. La responsabilidad **criminal** del **Presidente** y los **demás miembros** del Gobierno será exigible, en su caso, ante la **Sala de lo Penal del Tribunal Supremo**.

2. Si la acusación fuere por **traición** o por cualquier delito contra la **seguridad** del **Estado** en el ejercicio de sus funciones, **solo** podrá ser **planteada** por iniciativa de la **cuarta parte** de los miembros del **Congreso**, y con la **aprobación** de la **mayoría absoluta** del mismo.

3. La **prerrogativa real de gracia no** será **aplicable** a ninguno de los supuestos del presente artículo.

ARTÍCULO 103
LA ADMINISTRACIÓN PÚBLICA

1. La **Administración Pública** sirve con **objetividad** los **intereses generales** y actúa de acuerdo con los principios de **eficacia**, **jerarquía**, **descentralización**, **desconcentración** y **coordinación**, con sometimiento pleno a **la ley** y al Derecho.

2. Los **órganos** de la **Administración del Estado** son **creados**, **regidos** y **coordinados de acuerdo con la ley**.

3. La ley regulará el **estatuto** de los **funcionarios públicos**, el **acceso** a la **función pública** de acuerdo con los principios de **mérito y capacidad**, las **peculiaridades** del ejercicio de su derecho a **sindicación**, el sistema de **incompatibilidades** y las **garantías para la imparcialidad** en el ejercicio de sus funciones.

ARTÍCULO 104
LAS FUERZAS Y CUERPOS DE SEGURIDAD DEL ESTADO

1. Las Fuerzas y Cuerpos de seguridad, bajo la **dependencia** del **Gobierno**, tendrán como **misión proteger** el libre ejercicio de los derechos y libertades y **garantizar** la seguridad ciudadana.

2. Una **ley orgánica determinará** las funciones, principios básicos de actuación y estatutos de las **Fuerzas** y **Cuerpos** de **seguridad**.

ARTÍCULO 105
PARTICIPACIÓN DE LOS CIUDADANOS

La ley regulará:

A) La **audiencia** de los ciudadanos, **directamente o a través de** las organizaciones y asociaciones reconocidas por la ley, en el procedimiento de **elaboración** de las **disposiciones administrativas** que les **afecten**.

B) El **acceso** de los ciudadanos a los **archivos y registros administrativos, salvo** en lo que afecte a la seguridad y defensa del Estado, la averiguación de los delitos y la intimidad de las personas.

C) El **procedimiento** a través del cual deben producirse los **actos administrativos**, garantizando, **cuando proceda**, la **audiencia** del interesado.

ARTÍCULO 106
CONTROL JUDICIAL DE LA ADMINISTRACIÓN

1. Los **Tribunales controlan** la **potestad reglamentaria** y la **legalidad** de la **actuación administrativa**, así como el **sometimiento** de esta **a los fines** que la justifican.

2. Los **particulares**, en los términos establecidos por **la ley**, tendrán derecho a ser **indemnizados** por toda **lesión** que sufran en cualquiera de sus **bienes y derechos, salvo** en los casos de **fuerza mayor**, siempre que la lesión sea consecuencia del **funcionamiento** de los **servicios públicos**.

Notas:

El **Consejo de Estado** es el **supremo órgano consultivo del Gobierno**. Una **ley orgánica** regulará su composición y competencia.

DESLUMBRO

POSITIVIDAD

CINTHIA MOURE

@vcnvalera
@elsellodechinin

TÍTULO

05

De las relaciones entre el Gobierno
y las Cortes Generales

ARTÍCULO 108

RESPONSABILIDAD DEL GOBIERNO ANTE EL PARLAMENTO

El **Gobierno responde solidariamente** en su **gestión política** ante el **Congreso** de los Diputados.

ARTÍCULO 109

DERECHO DE INFORMACIÓN DE LAS CÁMARAS

Las **Cámaras** y sus **Comisiones** podrán **recabar**, a través de los **Presidentes** de aquellas, la **información** y **ayuda** que precisen del **Gobierno** y de sus **Departamentos** y de cualesquiera **autoridades** del **Estado** y de las **Comunidades Autónomas**.

ARTÍCULO 110

EL GOBIERNO EN LAS CÁMARAS

1. Las **Cámaras** y sus **Comisiones** pueden **reclamar** la **presencia** de los **miembros** del **Gobierno**.

2. Los **miembros** del **Gobierno** tienen **acceso** a las **sesiones** de las Cámaras y a sus Comisiones y la **facultad** de **hacerse oír** en ellas, y podrán **solicitar** que informen ante las mismas **funcionarios** de sus **Departamentos**.

ARTÍCULO 111

INTERPELACIONES Y PREGUNTAS

1. El **Gobierno** y cada uno de sus **miembros** están **sometidos** a las **interpelaciones** y **preguntas** que se le formulen en las Cámaras. Para esta clase de debate los Reglamentos establecerán un **tiempo mínimo semanal**.

2. Toda interpelación **podrá dar lugar a una moción** en la que la Cámara manifieste su **posición**.

ARTÍCULO 112

LA CUESTIÓN DE CONFIANZA

El **Presidente** del **Gobierno**, **previa deliberación** del **Consejo** de **Ministros**, puede plantear **ante el Congreso** de los Diputados la **cuestión** de **confianza** sobre su **programa** o sobre una **declaración de política general**. La confianza se entenderá **otorgada** cuando vote **a favor** de la misma la **mayoría simple** de los Diputados.

Notas:

ARTÍCULO 113
MOCIÓN DE CENSURA

1. El Congreso de los Diputados puede exigir la **responsabilidad política** del Gobierno mediante la adopción por **mayoría absoluta** de la **moción de censura**.

2. La moción de censura deberá ser **propuesta al menos** por la **décima** parte de los **Diputados**, y habrá de **incluir un candidato** a la **Presidencia** del Gobierno.

3. La moción de censura **no** podrá ser **votada hasta** que transcurran **5 días desde** su **presentación**. En los **2 primeros días** de dicho plazo podrán presentarse **mociones alternativas**.

4. Si la moción de censura **no fuere aprobada** por el Congreso, sus **signatarios** no podrán presentar otra durante el **mismo período de sesiones**.

ARTÍCULO 114
DIMISIÓN DEL GOBIERNO

1. Si el **Congreso niega su confianza** al Gobierno, este presentará su **dimisión al Rey**, procediéndose a continuación a la **designación** de Presidente del Gobierno, según lo dispuesto en el **artículo 99**.

2. Si el **Congreso adopta** una **moción de censura**, el **Gobierno** presentará su **dimisión al Rey** y el **candidato** incluido en aquella se entenderá **investido** de la confianza de la Cámara a los **efectos** previstos en el **artículo 99**. El **Rey** le nombrará **Presidente del Gobierno**.

ARTÍCULO 115
DISOLUCIÓN DE LAS CÁMARAS

1. El **Presidente** del Gobierno, previa **deliberación** del **Consejo** de **Ministros**, y bajo su **exclusiva responsabilidad**, podrá proponer la **disolución** del **Congreso**, del **Senado** o de las **Cortes Generales**, que será **decretada** por el **Rey**. El decreto de disolución **fijará** la **fecha** de las **elecciones**.

2. La propuesta de disolución **no** podrá **presentarse** cuando esté en trámite una **moción de censura**.

3. **No** procederá **nueva disolución** antes de que transcurra **un año** desde la **anterior**, **salvo** lo dispuesto en el **artículo 99**, apartado **5**.

CINTHIA MOURE

ARTÍCULO 116
ESTADOS DE ALARMA, DE EXCEPCIÓN Y DE SITIO

1. Una **ley orgánica** regulará los estados de **alarma**, de **excepción** y de **sitio**, y las **competencias** y **limitaciones** correspondientes.

2. El estado de **alarma** será **declarado** por el **Gobierno** mediante **decreto** acordado en **Consejo de Ministros** por un plazo máximo de **15 días**, **dando cuenta** al **Congreso** de los Diputados, reunido **inmediatamente** al efecto y sin cuya **autorización** no podrá ser **prorrogado** dicho plazo. El decreto **determinará** el **ámbito territorial** a que se extienden los efectos de la declaración.

3. El estado de **excepción** será **declarado** por el **Gobierno** mediante **decreto** acordado en **Consejo de Ministros**, **previa autorización** del **Congreso** de los Diputados. La autorización y proclamación del estado de excepción deberá determinar **expresamente** los **efectos** del mismo, el **ámbito territorial** a que se extiende y su **duración**, que no podrá exceder de **30 días**, prorrogables por otro plazo igual, con los mismos requisitos.

4. El estado de **sitio** será **declarado** por la **mayoría absoluta** del **Congreso** de los **Diputados**, a **propuesta exclusiva** del **Gobierno**. El Congreso **determinará** su ámbito **territorial**, **duración** y **condiciones**.

5. No podrá procederse a la **disolución** del **Congreso mientras** estén **declarados** algunos de los **estados** comprendidos en el presente artículo, quedando **automáticamente convocadas** las Cámaras si no estuvieren en período de sesiones. **Su funcionamiento**, así como el de los **demás poderes constitucionales** del Estado, **no podrán interrumpirse** durante la **vigencia** de estos **estados**.

Disuelto el **Congreso** o **expirado** su **mandato si se produjere alguna** de las **situaciones** que dan lugar a cualquiera de dichos estados, las competencias del Congreso serán asumidas por su **Diputación Permanente**.

6. La **declaración** de los **estados** de alarma, de excepción y de sitio **no modificarán** el **principio de responsabilidad** del **Gobierno** y de sus **agentes reconocidos** en la Constitución y en las leyes.

Notas:

CONSTI XXL

TÍTULO

06

Del Poder Judicial

ARTÍCULO 117
INDEPENDENCIA DE LA JUSTICIA

1. La justicia **emana** del **pueblo** y se **administra** en nombre del **Rey** por **Jueces y Magistrados** integrantes del poder judicial, **independientes**, **inamovibles**, **responsables** y **sometidos** únicamente al imperio de la **ley**.

2. Los **Jueces y Magistrados no podrán** ser **separados, suspendidos, trasladados** ni **jubilados, sino** por alguna de las causas y con las garantías previstas en la **ley**.

3. El ejercicio de la **potestad jurisdiccional** en todo tipo de procesos, **juzgando** y **haciendo ejecutar lo juzgado**, **corresponde exclusivamente** a los **Juzgados** y **Tribunales** determinados por las **leyes**, según las normas de competencia y procedimiento que las mismas establezcan.

4. Los **Juzgados y Tribunales no** ejercerán **más funciones** que las **señaladas** en el **apartado anterior** y las que expresamente les sean atribuidas por **ley** en garantía de cualquier derecho.

5. El principio de **unidad jurisdiccional** es la base de la organización y funcionamiento de los Tribunales. **La ley** regulará el ejercicio de la **jurisdicción militar** en el ámbito **estrictamente castrense** y en los supuestos de **estado de sitio**, de acuerdo con los **principios** de la **Constitución**.

6. Se prohíben los **Tribunales de excepción**.

ARTÍCULO 118
COLABORACIÓN CON LA JUSTICIA

Es **obligado cumplir** las **sentencias** y demás **resoluciones firmes** de los Jueces y Tribunales, así como **prestar** la **colaboración** requerida por estos en el **curso** del proceso y en la **ejecución** de lo resuelto.

ARTÍCULO 119
GRATUIDAD DE LA JUSTICIA

La justicia será **gratuita** cuando así lo disponga **la ley** y, en todo caso, respecto de quienes **acrediten insuficiencia** de **recursos** para litigar.

Notas:

ARTÍCULO 120
PUBLICIDAD DE LAS ACTUACIONES JUDICIALES

1. Las **actuaciones judiciales** serán **públicas**, con las **excepciones** que prevean las **leyes** de **procedimiento**.

2. El **procedimiento** será **predominantemente oral**, sobre todo en **materia criminal**.

3. Las **sentencias** serán **siempre motivadas** y se **pronunciarán** en **audiencia pública**.

ARTÍCULO 121
INDEMNIZACIÓN POR ERRORES JUDICIALES

Los **daños** causados por **error judicial**, así como los que sean **consecuencia** del funcionamiento **anormal** de la Administración de Justicia, darán derecho a una **indemnización** a cargo del **Estado**, conforme a la **ley**.

ARTÍCULO 122
JUZGADOS Y TRIBUNALES

1. La **ley orgánica** del poder judicial determinará la **constitución, funcionamiento y gobierno** de los **Juzgados y Tribunales**, así como el **estatuto jurídico** de los **Jueces** y **Magistrados** de carrera, que formarán un **Cuerpo único**, y del personal al servicio de la Administración de Justicia.

2. El **Consejo General** del **Poder Judicial** es el **órgano de gobierno** del mismo. La **ley orgánica** establecerá su **estatuto** y el régimen de **incompatibilidades** de sus miembros y sus **funciones**, en particular en materia de **nombramientos, ascensos, inspección y régimen disciplinario**.

3. El Consejo General del Poder Judicial estará **integrado** por el **Presidente** del **Tribunal Supremo**, que lo **presidirá**, y por **20 miembros** nombrados por el **Rey** por un período de **5 años**. De estos, **12** entre **Jueces y Magistrados** de todas las categorías judiciales, en los términos que establezca la **ley orgánica**; **4** a propuesta del **Congreso** de los Diputados, y **4** a propuesta del **Senado**, elegidos en ambos casos por mayoría de **3/5** de sus miembros, entre abogados y otros juristas, todos ellos de reconocida competencia y con más de **15 años** de ejercicio en su profesión.

ARTÍCULO 123
EL TRIBUNAL SUPREMO

1. El **Tribunal Supremo**, con **jurisdicción** en **toda España**, es el órgano jurisdiccional **superior** en **todos** los **órdenes**, **salvo** lo dispuesto en materia de garantías **constitucionales**.

2. El **Presidente** del Tribunal Supremo será **nombrado** por el **Rey**, a **propuesta** del **Consejo General del Poder Judicial**, en la forma que determine **la ley**.

ARTÍCULO 124
EL MINISTERIO FISCAL

1. El **Ministerio Fiscal**, sin perjuicio de las funciones encomendadas a otros órganos, tiene por misión **promover la acción de la justicia** en **defensa** de la **legalidad**, de los **derechos** de los ciudadanos y del **interés público** tutelado por la ley, de oficio o a petición de los interesados, así como **velar** por la **independencia** de los Tribunales y procurar ante estos la **satisfacción** del interés **social**.

2. El Ministerio Fiscal ejerce sus funciones por medio de **órganos propios** conforme a los **principios** de **unidad de actuación y dependencia jerárquica** y con **sujeción**, en todo caso, a los de **legalidad e imparcialidad**.

3. La ley regulará el **estatuto orgánico** del Ministerio Fiscal.

4. El **Fiscal General** del Estado será **nombrado** por el **Rey**, a **propuesta** del **Gobierno**, **oído** el **Consejo General del Poder Judicial**.

ARTÍCULO 125
INSTITUCIÓN DEL JURADO

Los **ciudadanos** podrán ejercer la **acción popular** y **participar** en la Administración de Justicia mediante la **institución del Jurado**, en la **forma** y con respecto a aquellos procesos penales que **la ley** determine, así como en los Tribunales **consuetudinarios** y **tradicionales**.

ARTÍCULO 126
POLICÍA JUDICIAL

La **policía judicial depende** de los **Jueces**, de los **Tribunales** y del **Ministerio Fiscal** en sus **funciones** de averiguación del delito y descubrimiento y aseguramiento del delincuente, **en los términos que la ley establezca**.

ARTÍCULO 127
INCOMPATIBILIDADES DE JUECES, MAGISTRADOS Y FISCALES

1. Los **Jueces** y **Magistrados** así como los **Fiscales**, mientras se hallen en **activo**, **no podrán desempeñar otros cargos públicos**, ni pertenecer a **partidos** políticos o **sindicatos**. **La ley** establecerá el **sistema** y **modalidades** de **asociación** profesional de los Jueces, Magistrados y Fiscales.

2. La ley establecerá el **régimen de incompatibilidades** de los **miembros** del **poder judicial**, que deberá **asegurar** la **total independencia** de los mismos.

Notas:

TÍTULO

07

Economía y Hacienda

ARTÍCULO 128
FUNCIÓN PÚBLICA DE LA RIQUEZA

1. Toda la **riqueza** del país en sus distintas formas y **sea cual fuere** su titularidad está subordinada al **interés general**.

2. Se reconoce la **iniciativa pública** en la **actividad económica**. Mediante **ley** se podrá **reservar** al **sector público recursos** o **servicios esenciales**, especialmente en caso de **monopolio** y asimismo acordar la **intervención** de **empresas** cuando así lo exigiere el **interés general**.

ARTÍCULO 129
PARTICIPACIÓN EN LA EMPRESA Y EN LOS ORGANISMOS PÚBLICOS

1. La ley establecerá las formas de **participación** de los **interesados** en la **Seguridad Social** y en la **actividad** de los **organismos públicos** cuya función afecte **directamente** a la calidad de la vida o al bienestar general.

2. Los **poderes públicos promoverán eficazmente** las diversas **formas** de **participación** en la empresa y **fomentarán**, mediante una **legislación adecuada**, las **sociedades cooperativas**. También establecerán los **medios** que faciliten el **acceso** de los **trabajadores** a la **propiedad** de los **medios de producción**.

ARTÍCULO 130
DESARROLLO DEL SECTOR ECONÓMICO

1. Los **poderes públicos atenderán** a la **modernización** y **desarrollo** de todos los sectores económicos y, **en particular**, de la **agricultura**, de la **ganadería**, de la **pesca** y de la **artesanía**, a fin de **equiparar** el **nivel de vida** de todos los **españoles**.

2. Con el mismo fin, se dispensará un **tratamiento especial** a las **zonas** de **montaña**.

ARTÍCULO 131
PLANIFICACIÓN DE LA ACTIVIDAD ECONÓMICA

1. El **Estado**, mediante **ley**, podrá **planificar** la **actividad económica general** para **atender** a las necesidades colectivas, **equilibrar** y **armonizar** el **desarrollo regional y sectorial** y **estimular** el **crecimiento** de la **renta y de la riqueza** y su **más justa distribución**.

Notas:

2. El **Gobierno elaborará** los **proyectos de planificación**, de acuerdo con las previsiones que le sean suministradas por las **Comunidades Autónomas** y el asesoramiento y colaboración de los **sindicatos** y otras **organizaciones profesionales, empresariales y económicas**. A tal fin se constituirá un **Consejo**, cuya composición y funciones se desarrollarán por **ley**.

ARTÍCULO 132
BIENES DE DOMINIO PÚBLICO

1. La **ley** regulará el **régimen jurídico** de los **bienes** de **dominio público** y de los **comunales**, inspirándose en los principios de **inalienabilidad**, **imprescriptibilidad** e **inembargabilidad, así como su desafectación**.

2. Son **bienes de dominio público estatal** los que determine **la ley** y, en todo caso, la zona **marítimo-terrestre**, las **playas**, el **mar territorial** y los **recursos naturales** de la zona económica y la **plataforma continental**.

3. Por **ley se regularán** el **Patrimonio del Estado** y el Patrimonio **Nacional**, su **administración**, **defensa** y **conservación**.

ARTÍCULO 133
POTESTAD TRIBUTARIA

1. La **potestad originaria** para **establecer** los **tributos** corresponde exclusivamente al **Estado**, mediante **ley**.

2. Las **Comunidades Autónomas** y las **Corporaciones locales** podrán **establecer y exigir tributos**, de acuerdo con la **Constitución** y las **leyes**.

3. Todo **beneficio fiscal** que **afecte** a los **tributos** del **Estado** deberá establecerse en virtud de **ley**.

4. Las **Administraciones Públicas** solo podrán **contraer obligaciones financieras** y **realizar gastos de acuerdo con las leyes**.

ARTÍCULO 134
LOS PRESUPUESTOS GENERALES DEL ESTADO

1. Corresponde al **Gobierno** la **elaboración** de los **Presupuestos Generales** del Estado y a las **Cortes Generales**, su **examen**, **enmienda** y **aprobación**.

2. Los Presupuestos Generales del Estado tendrán **carácter anual**, **incluirán** la **totalidad** de los **gastos** e **ingresos** del sector público estatal y en ellos **se consignará** el **importe** de los **beneficios fiscales** que afecten a los **tributos** del **Estado**.

3. El **Gobierno** deberá **presentar** ante el **Congreso** de los Diputados los **Presupuestos** Generales del Estado **al menos 3 meses** antes de la **expiración** de los del **año anterior**.

4. Si la Ley de Presupuestos **no se aprobara antes del primer día** del **ejercicio económico** correspondiente, se considerarán **automáticamente prorrogados** los Presupuestos del ejercicio anterior **hasta** la aprobación de los **nuevos**.

5. Aprobados los **Presupuestos** Generales del Estado, el **Gobierno** podrá presentar **proyectos de ley** que impliquen **aumento del gasto público** o **disminución de los ingresos correspondientes al mismo ejercicio presupuestario**.

6. Toda **proposición** o **enmienda** que **suponga aumento** de los **créditos** o **disminución** de los **ingresos** presupuestarios **requerirá la conformidad del Gobierno para su tramitación**.

7. La **Ley** de **Presupuestos no puede crear tributos**. Podrá **modificarlos** cuando una **ley tributaria sustantiva** así lo **prevea**.

ARTÍCULO 135
DEUDA PÚBLICA

1. Todas las **Administraciones** Públicas adecuarán sus **actuaciones** al **principio** de **estabilidad presupuestaria**.

2. El **Estado** y las **Comunidades Autónomas** no podrán incurrir en un **déficit estructural** que supere los **márgenes** establecidos, en su caso, por la **Unión Europea** para sus Estados Miembros.

Una **ley orgánica** fijará el **déficit estructural máximo** permitido al **Estado** y a las **Comunidades Autónomas**, en relación con su **producto interior bruto**. Las **Entidades Locales** deberán presentar **equilibrio presupuestario**.

3. El **Estado** y las **Comunidades Autónomas** habrán de estar **autorizados** por ley para **emitir deuda pública** o **contraer crédito**.

Los **créditos** para satisfacer los **intereses** y el **capital** de la **deuda** pública de las Administraciones se entenderán siempre incluidos en el **estado de gastos** de sus presupuestos y su pago gozará de **prioridad absoluta**. Estos créditos **no** podrán ser **objeto de enmienda o modificación, mientras se ajusten** a las **condiciones** de la **ley** de **emisión**.

El volumen de **deuda pública** del **conjunto** de las **Administraciones Públicas** en **relación** con el **producto interior bruto del Estado no podrá superar** el **valor** de **referencia** establecido en el **Tratado** de Funcionamiento de la **Unión Europea**.

Notas:

----

4. Los **límites** de déficit estructural y de volumen de deuda pública **solo** podrán **superarse** en caso de **catástrofes naturales**, **recesión económica** o situaciones de **emergencia extraordinaria** que **escapen** al **control** del Estado y **perjudiquen considerablemente** la situación financiera o la sostenibilidad económica o social del Estado, **apreciadas** por la **mayoría absoluta** de los miembros del **Congreso** de los Diputados.

5. Una **ley orgánica desarrollará** los **principios** a que se refiere este artículo, así como la **participación**, en los **procedimientos** respectivos, de los **órganos de coordinación** institucional entre las Administraciones Públicas en materia de **política fiscal y financiera**. En todo caso, **regulará**:

A) La **distribución** de los **límites** de **déficit y de deuda** entre las distintas Administraciones Públicas, los **supuestos excepcionales de superación** de los mismos y la **forma** y **plazo** de **corrección** de las desviaciones que sobre uno y otro pudieran producirse.

B) La **metodología** y el **procedimiento** para el **cálculo** del **déficit** estructural.

C) La **responsabilidad** de cada Administración Pública en caso de **incumplimiento** de los objetivos de estabilidad presupuestaria.

6. Las **Comunidades Autónomas**, de acuerdo con sus respectivos Estatutos y dentro de los límites a que se refiere este artículo, **adoptarán** las **disposiciones que procedan** para la **aplicación efectiva** del **principio de estabilidad** en sus **normas** y **decisiones presupuestarias**.

ARTÍCULO 136
EL TRIBUNAL DE CUENTAS

1. El **Tribunal de Cuentas** es el **supremo órgano fiscalizador** de las **cuentas** y de la **gestión económica** de Estado, así como del sector público.

Dependerá directamente de las **Cortes Generales** y **ejercerá** sus funciones por **delegación** de ellas en el **examen** y **comprobación** de la **Cuenta General del Estado**.

2. Las **cuentas** del **Estado** y del **sector público estatal se rendirán** al **Tribunal** de **Cuentas** y serán **censuradas por este**.

El Tribunal de Cuentas, sin perjuicio de su propia jurisdicción, **remitirá** a las **Cortes Generales** un **informe anual** en el que, cuando proceda, **comunicará** las **infracciones** o **responsabilidades** en que, a su juicio, se hubiere incurrido.

3. Los **miembros** del Tribunal de Cuentas gozarán de la **misma independencia e inamovilidad** y estarán sometidos a las mismas **incompatibilidades** que los **Jueces**.

4. Una **ley orgánica regulará** la **composición**, **organización** y funciones del **Tribunal de Cuentas**.

TÍTULO

08

De la Organización Territorial del Estado

CAPÍTULO PRIMERO
PRINCIPIOS GENERALES

ARTÍCULO 137
MUNICIPIOS, PROVINCIAS Y COMUNIDADES AUTÓNOMAS

El **Estado** se **organiza territorialmente** en **municipios**, en **provincias** y en las **Comunidades Autónomas** que se constituyan. **Todas** estas entidades gozan de **autonomía** para la **gestión** de sus respectivos **intereses**.

ARTÍCULO 138
SOLIDARIDAD E IGUALDAD TERRITORIAL

1. El **Estado garantiza** la **realización efectiva** del **principio** de **solidaridad** consagrado en el **artículo 2** de la Constitución, **velando** por el **establecimiento** de un **equilibrio económico**, **adecuado** y **justo** entre las **diversas partes** del territorio español, y **atendiendo en particular** a las circunstancias del **hecho insular**.

2. Las **diferencias** entre los **Estatutos** de las distintas Comunidades Autónomas **no podrán implicar**, en **ningún caso**, **privilegios económicos o sociales**.

ARTÍCULO 139
IGUALDAD DE LOS ESPAÑOLES EN LOS TERRITORIOS DEL ESTADO

1. Todos los **españoles** tienen los **mismos derechos y obligaciones** en **cualquier parte del territorio del Estado**.

2. Ninguna autoridad podrá **adoptar medidas** que **directa** o **indirectamente obstaculicen** la **libertad de circulación y establecimiento** de las personas y la libre circulación de bienes **en todo el territorio español**.

Notas:

CAPÍTULO SEGUNDO

DE LA ADMINISTRACIÓN LOCAL

ARTÍCULO 140

AUTONOMÍA Y DEMOCRACIA MUNICIPAL

La **Constitución garantiza** la **autonomía** de los **municipios**. Estos gozarán de **personalidad jurídica plena**. Su **gobierno** y **administración** corresponde a sus respectivos **Ayuntamientos**, integrados por los **Alcaldes** y los **Concejales**. Los **Concejales** serán elegidos por los **vecinos** del municipio mediante sufragio **universal**, **igual**, **libre**, **directo** y **secreto**, en la forma **establecida por la ley**. Los **Alcaldes** serán **elegidos** por los **Concejales** o por los **vecinos**. **La ley regulará** las condiciones en las que proceda el **régimen** del **concejo abierto**.

ARTÍCULO 141

LAS PROVINCIAS. LAS ISLAS

1. La **provincia** es una **entidad local** con personalidad jurídica propia, determinada por la **agrupación** de **municipios** y división territorial para el cumplimiento de las **actividades del Estado**. Cualquier **alteración** de los **límites provinciales** habrá de ser aprobada por las Cortes Generales mediante **ley orgánica**.

2. El **Gobierno** y la **administración** autónoma de las **provincias** estarán encomendados a **Diputaciones** u **otras Corporaciones** de **carácter representativo**.

3. Se podrán crear **agrupaciones** de municipios **diferentes** de la **provincia**.

4. En los **archipiélagos**, las islas tendrán además su **Administración propia** en forma de **Cabildos o Consejos**.

ARTÍCULO 142

LAS HACIENDAS LOCALES

Las **Haciendas locales deberán disponer** de los **medios suficientes** para el **desempeño** de las funciones que la ley atribuye a las Corporaciones respectivas y **se nutrirán fundamentalmente** de **tributos propios** y de **participación** en los del **Estado** y de las **Comunidades Autónomas**.

CAPÍTULO TERCERO
DE LAS COMUNIDADES AUTÓNOMAS

ARTÍCULO 143
AUTOGOBIERNO DE LAS COMUNIDADES AUTÓNOMAS

1. En el ejercicio del derecho a la autonomía reconocido en el **artículo 2** de la Constitución, las **provincias limítrofes** con **características históricas**, **culturales** y **económicas** comunes, los **territorios insulares** y las **provincias** con **entidad regional histórica** podrán **acceder** a su **autogobierno** y **constituirse** en Comunidades Autónomas con arreglo a lo previsto en este Título y en los respectivos Estatutos.

2. La **iniciativa** del proceso autonómico corresponde a **todas** las **Diputaciones** interesadas **o** al **órgano interinsular** correspondiente **y** a las **2/3 partes** de los **municipios** cuya **población** represente, **al menos**, la **mayoría del censo electoral** de **cada provincia o isla**. Estos requisitos deberán ser cumplidos en el plazo de **6 meses** desde el primer acuerdo adoptado al respecto por alguna de las Corporaciones locales interesadas.

3. La iniciativa, en caso de **no prosperar**, **solamente** podrá **reiterarse** pasados **5 años**.

ARTÍCULO 144
CONSTITUCIÓN DE LAS COMUNIDADES AUTÓNOMAS
VÍA CORTES GENERALES

Las **Cortes Generales**, mediante **ley orgánica**, podrán, por motivos de **interés nacional**:

A) **Autorizar** la constitución de una Comunidad Autónoma cuando su ámbito territorial **no supere** el de una **provincia** y no reúna las condiciones del apartado 1 del **artículo 143**.

B) **Autorizar** o **acordar**, en su caso, un Estatuto de Autonomía para **territorios** que **no** estén **integrados** en la organización provincial.

C) **Sustituir** la **iniciativa** de las **Corporaciones locales** a que se refiere el apartado 2 del **artículo 143**.

Notas:

ARTÍCULO 145

COOPERACIÓN ENTRE COMUNIDADES AUTÓNOMAS

1. En **ningún caso** se admitirá la **federación** de **Comunidades Autónomas**.

2. Los **Estatutos** podrán **prever** los **supuestos**, **requisitos** y **términos** en que las Comunidades Autónomas podrán celebrar **convenios entre** sí para la **gestión** y **prestación** de **servicios propios** de las mismas, así como el **carácter** y **efectos** de la correspondiente comunicación a las Cortes Generales. En los **demás supuestos**, los **acuerdos de cooperación** entre las Comunidades Autónomas necesitarán la **autorización** de las **Cortes Generales**.

ARTÍCULO 146

ELABORACIÓN DEL ESTATUTO

El **proyecto de Estatuto** será **elaborado** por una **asamblea** compuesta por los **miembros** de la **Diputación** u **órgano interinsular** de las **provincias afectadas y** por los **Diputados y Senadores** elegidos en ellas y será **elevado** a las **Cortes Generales** para su tramitación como ley.

ARTÍCULO 147

LOS ESTATUTOS DE AUTONOMÍA

1. Dentro de los términos de la presente Constitución, los **Estatutos** serán la **norma institucional básica** de cada Comunidad Autónoma y el **Estado** los **reconocerá y amparará** como parte **integrante** de su **ordenamiento jurídico**.

2. Los Estatutos de autonomía **deberán contener**:

A) La **denominación** de la Comunidad que mejor corresponda a su **identidad histórica**.

B) La **delimitación** de su **territorio**.

C) La **denominación, organización** y **sede** de las instituciones autónomas propias.

D) Las **competencias asumidas** dentro del marco establecido en la Constitución y las bases para el traspaso de los servicios correspondientes a las mismas.

3. La **reforma** de los Estatutos se ajustará al **procedimiento establecido** en los **mismos** y **requerirá**, en todo caso, la **aprobación** por las **Cortes Generales**, mediante **ley orgánica**.

ARTÍCULO 148
COMPETENCIAS DE LAS COMUNIDADES AUTÓNOMAS

1. Las **Comunidades Autónomas podrán asumir competencias** en las siguientes materias:

1.ª Organización de sus instituciones de autogobierno.

2.ª Las **alteraciones** de los **términos municipales** comprendidos en su territorio y, en general, las funciones que correspondan a la Administración del Estado sobre las Corporaciones locales y cuya transferencia autorice la legislación sobre Régimen Local.

3.ª Ordenación del **territorio, urbanismo y vivienda**.

4.ª Las **obras públicas** de interés de la Comunidad Autónoma en su propio territorio.

5.ª Los **ferrocarriles** y **carreteras** cuyo **itinerario** se desarrolle **íntegramente** en el territorio de la Comunidad Autónoma y, en los mismos términos, el **transporte** desarrollado por estos medios o por cable.

6.ª Los **puertos** de **refugio, los puertos y aeropuertos deportivos** y, en general, los que no desarrollen actividades comerciales.

7.ª La **agricultura** y **ganadería**, de acuerdo con la ordenación general de la economía.

8.ª Los **montes** y **aprovechamientos forestales**.

9.ª La **gestión** en materia de protección del **medio ambiente**.

10.ª Los **proyectos**, **construcción** y **explotación** de los **aprovechamientos hidráulicos**, **canales** y **regadíos** de interés de la Comunidad Autónoma; las **aguas minerales** y **termales**.

11.ª La pesca en **aguas interiores**, el **marisqueo** y la **acuicultura**, la **caza** y la **pesca fluvial**.

12.ª Ferias interiores.

13.ª El **fomento** del **desarrollo económico** de la Comunidad Autónoma dentro de los objetivos marcados por la política económica nacional.

14.ª La artesanía.

15.ª Museos, **bibliotecas** y **conservatorios** de música de interés para la Comunidad Autónoma.

16.ª Patrimonio monumental de interés de la Comunidad Autónoma.

17.ª El **fomento** de la **cultura**, de la **investigación** y, en su caso, de la **enseñanza de la lengua** de la Comunidad Autónoma.

Notas:

18.ª Promoción y **ordenación** del **turismo** en su ámbito territorial.

19.ª Promoción del **deporte** y de la adecuada utilización del **ocio**.

20.ª Asistencia social.

21.ª Sanidad e higiene.

22.ª La **vigilancia** y **protección** de sus **edificios e instalaciones**. La **coordinación** y demás **facultades** en relación con las **policías locales** en los términos que establezca una **ley orgánica**.

2. **Transcurridos 5 años**, y mediante la **reforma** de sus **Estatutos**, las **Comunidades Autónomas** podrán **ampliar sucesivamente** sus competencias dentro del **marco** establecido en el **artículo 149**.

ARTÍCULO 149
COMPETENCIAS EXCLUSIVAS DEL ESTADO

1. El **Estado** tiene **competencia exclusiva** sobre las siguientes materias:

1.ª La **regulación** de las **condiciones básicas** que garanticen la **igualdad** de todos los **españoles** en el ejercicio de los **derechos** y en el **cumplimiento** de los deberes constitucionales.

2.ª Nacionalidad, **inmigración**, **emigración**, **extranjería** y derecho de **asilo**.

3.ª Relaciones internacionales.

4.ª Defensa y **Fuerzas Armadas**.

5.ª Administración de **Justicia**.

6.ª Legislación mercantil, **penal** y **penitenciaria**; **legislación procesal**, sin perjuicio de las necesarias especialidades que en este orden se deriven de las particularidades del derecho sustantivo de las Comunidades Autónomas.

7.ª Legislación laboral, sin perjuicio de su ejecución por los órganos de las Comunidades Autónomas.

8.ª Legislación civil, sin perjuicio de la conservación, modificación y desarrollo por las Comunidades Autónomas de los derechos civiles, forales o especiales, allí donde existan. En todo caso, las reglas relativas a la aplicación y eficacia de las normas jurídicas, relaciones jurídico-civiles relativas a las formas de **matrimonio**, ordenación de los **registros** e instrumentos públicos, **bases** de las **obligaciones contractuales**, normas para resolver los **conflictos** de leyes y determinación de las **fuentes** del **Derecho**, con respeto, en este último caso, a las normas de derecho foral o especial.

9.ª Legislación sobre **propiedad intelectual** e **industrial**.

10.ª Régimen aduanero y **arancelario**; **comercio exterior**.

11.ª Sistema monetario: **divisas**, **cambio** y **convertibilidad**; **bases** de la **ordenación** de **crédito**, **banca** y **seguros**.

12.ª Legislación sobre **pesas** y **medidas**, determinación de la **hora oficial**.

13.ª Bases y **coordinación** de la **planificación general** de la **actividad económica**.

14.ª Hacienda general y **Deuda** del **Estado**.

15.ª Fomento y **coordinación** general de la **investigación científica** y **técnica**.

16.ª Sanidad exterior. **Bases** y **coordinación general** de la **sanidad**. **Legislación** sobre **productos farmacéuticos**.

17.ª Legislación básica y **régimen económico** de la **Seguridad Social**, sin perjuicio de la ejecución de sus servicios por las Comunidades Autónomas.

18.ª Las **bases** del **régimen jurídico** de las Administraciones Públicas y del régimen **estatutario** de sus **funcionarios** que, en todo caso, garantizarán a los administrados un tratamiento común ante ellas; el **procedimiento administrativo** común, sin perjuicio de las especialidades derivadas de la organización propia de las Comunidades Autónomas; legislación sobre **expropiación forzosa**; **legislación básica** sobre **contratos** y **concesiones administrativas** y el **sistema de responsabilidad** de todas las Administraciones Públicas.

19.ª Pesca marítima, sin perjuicio de las competencias que en la ordenación del sector se atribuyan a las Comunidades Autónomas.

20.ª Marina mercante y **abanderamiento** de **buques**; **iluminación** de **costas** y **señales marítimas**; **puertos** de **interés general**; **aeropuertos** de interés **general**; **control** del **espacio aéreo**, **tránsito** y **transporte aéreo**, **servicio meteorológico** y **matriculación** de **aeronaves**.

21.ª Ferrocarriles y **transportes terrestres** que transcurran por el territorio de **más** de una **Comunidad** Autónoma; **régimen general** de **comunicaciones**; **tráfico** y **circulación** de vehículos a motor; **correos** y **telecomunicaciones**; **cables aéreos**, **submarinos** y **radiocomunicación**.

22.ª La **legislación, ordenación** y **concesión** de **recursos** y **aprovechamientos hidráulicos** cuando las aguas discurran **por más de una Comunidad Autónoma**, y la **autorización** de las **instalaciones eléctricas** cuando su aprovechamiento afecte a otra Comunidad o el **transporte** de **energía** salga de su ámbito territorial.

23.ª Legislación básica sobre **protección** del **medio ambiente**, sin perjuicio de las facultades de las Comunidades Autónomas de establecer normas adicionales de protección. La **legislación básica** sobre **montes**, **aprovechamientos forestales** y **vías pecuarias**.

24.ª Obras públicas de interés general o cuya realización afecte a **más** de **una** Comunidad Autónoma.

25.ª Bases de **régimen minero** y **energético**.

Notas:

26.ª Régimen de **producción**, **comercio**, **tenencia** y **uso de armas** y **explosivos**.

27.ª Normas básicas del régimen de **prensa**, **radio** y **televisión** y, en general, de todos los medios de comunicación social, sin perjuicio de las facultades que en su desarrollo y ejecución correspondan a las Comunidades Autónomas.

28.ª Defensa del **patrimonio cultural**, **artístico** y **monumental** español contra la exportación y la expoliación; **museos**, **bibliotecas** y **archivos** de titularidad **estatal**, sin perjuicio de su gestión por parte de las Comunidades Autónomas.

29.ª Seguridad pública, sin perjuicio de la posibilidad de creación de policías por las Comunidades Autónomas en la forma que se establezca en los respectivos Estatutos en el marco de lo que disponga una **ley orgánica**.

30.ª Regulación de las condiciones de obtención, expedición y homologación de **títulos académicos** y **profesionales** y **normas básicas** para el desarrollo del **artículo 27** de la Constitución, a fin de garantizar el cumplimiento de las obligaciones de los poderes públicos en esta materia.

31.ª Estadística para **fines estatales**.

32.ª Autorización para la convocatoria de consultas populares por vía de **referéndum**.

2. Sin perjuicio de las competencias que podrán asumir las Comunidades Autónomas, el **Estado considerará** el servicio de la **cultura** como **deber** y **atribución esencial** y **facilitará** la **comunicación cultural entre** las **Comunidades Autónomas**, de acuerdo con ellas.

3. Las materias **no atribuidas expresamente al Estado** por esta Constitución **podrán corresponder** a las **Comunidades Autónomas**, en virtud de sus respectivos **Estatutos**. La competencia sobre las materias que **no** se hayan **asumido** por los **Estatutos de Autonomía** corresponderá al **Estado**, cuyas **normas prevalecerán**, en caso de **conflicto**, **sobre** las de las **Comunidades Autónomas** en todo lo que no esté atribuido a la exclusiva competencia de estas. **El derecho estatal** será, en todo caso, **supletorio** del derecho de las **Comunidades Autónomas**.

ARTÍCULO 150
COORDINACIÓN DE COMPETENCIAS LEGISLATIVAS

1. Las **Cortes Generales**, en materias de competencia estatal, podrán **atribuir** a todas o a alguna de las Comunidades Autónomas la **facultad** de **dictar**, para sí mismas, **normas legislativas** en el **marco** de los **principios**, **bases** y **directrices fijados por una ley estatal**. **Sin perjuicio** de la competencia de los **Tribunales**, en cada ley marco se **establecerá** la **modalidad** del **control** de las Cortes Generales sobre estas normas legislativas de las Comunidades Autónomas.

2. **El Estado** podrá **transferir o delegar** en las Comunidades Autónomas, **mediante ley orgánica**, facultades correspondientes a materia de titularidad estatal que por su propia naturaleza sean **susceptibles** de **transferencia** o **delegación**. La ley preverá en cada caso la **correspondiente transferencia** de **medios financieros**, así como las **formas de control** que se reserve el Estado.

3. **El Estado** podrá **dictar leyes** que establezcan los **principios necesarios** para **armonizar** las disposiciones normativas de las Comunidades Autónomas, aun en el caso de materias atribuidas a la competencia de estas, cuando así lo exija el **interés general**. Corresponde a las **Cortes Generales**, por **mayoría absoluta de cada Cámara**, la **apreciación** de esta **necesidad**.

ARTÍCULO 151
ELABORACIÓN DEL ESTATUTO EN RÉGIMEN ESPECIAL

1. **No** será **preciso** dejar transcurrir el plazo de **5 años**, a que se refiere el apartado 2 del **artículo 148**, **cuando** la **iniciativa del proceso autonómico** sea acordada dentro del plazo del **artículo 143.2**, **además** de por las Diputaciones o los órganos interinsulares correspondientes, por las **3/4 partes** de los **municipios** de cada una de las **provincias afectadas** que representen, **al menos**, la **mayoría** del **censo electoral** de cada una de ellas y dicha iniciativa sea ratificada mediante **referéndum** por el voto **afirmativo** de la **mayoría absoluta** de los electores de cada provincia en los términos que establezca una **ley orgánica**.

2. En el supuesto previsto en el apartado anterior, el **procedimiento** para la **elaboración del Estatuto** será el siguiente:

1.º El **Gobierno convocará** a todos los Diputados y Senadores elegidos en las circunscripciones comprendidas en el ámbito territorial que pretenda acceder al autogobierno, para que se constituyan en Asamblea, a los solos efectos de elaborar el correspondiente proyecto de Estatuto de Autonomía, mediante el acuerdo de la **mayoría absoluta** de sus miembros.

2.º **Aprobado el proyecto** de Estatuto por la Asamblea de Parlamentarios, **se remitirá** a la Comisión Constitucional del Congreso, la cual, dentro del plazo de **2 meses**, lo examinará con el concurso y asistencia de una delegación de la Asamblea proponente para determinar de común acuerdo su formulación definitiva.

3.º **Si se alcanzare dicho acuerdo**, el texto resultante será **sometido** a **referéndum** del cuerpo electoral de las provincias comprendidas en el ámbito territorial del proyectado Estatuto.

4.º Si el proyecto de Estatuto es **aprobado en cada provincia** por la mayoría de los votos válidamente emitidos, será **elevado** a las **Cortes Generales**. Los plenos de ambas Cámaras decidirán sobre el texto mediante un voto de ratificación. Aprobado el Estatuto, el Rey lo sancionará y lo promulgará como ley.

Notas:

_____
_____
_____
_____
_____
_____
_____

5.º De no alcanzarse el acuerdo a que se refiere el apartado 2 de este número, el proyecto de Estatuto será **tramitado** como **proyecto** de **ley** ante las Cortes Generales. El texto aprobado por estas será **sometido** a **referéndum** del cuerpo electoral de las provincias comprendidas en el ámbito territorial del proyectado Estatuto. En caso de ser aprobado por la mayoría de los votos válidamente emitidos en cada provincia, procederá su **promulgación** en los términos del párrafo anterior.

3. En los casos de los párrafos 4.º y 5.º del apartado anterior, la no aprobación del proyecto de Estatuto por una o varias provincias no impedirá la constitución entre las restantes de la Comunidad Autónoma proyectada, en la forma que establezca la ley orgánica prevista en el apartado 1 de este artículo.

ARTÍCULO 152
ÓRGANOS DE LAS COMUNIDADES AUTÓNOMAS

1. En los **Estatutos aprobados** por el **procedimiento** a que se refiere el **artículo anterior**, la organización institucional autonómica se basará en una **Asamblea Legislativa**, elegida por sufragio universal, con arreglo a un sistema de **representación proporcional** que asegure, además, la representación de las diversas zonas del territorio; un **Consejo de Gobierno** con funciones **ejecutivas y administrativas** y un **Presidente**, **elegido** por la **Asamblea**, de entre sus miembros, y **nombrado** por el **Rey**, al que corresponde la **dirección** del **Consejo de Gobierno**, la **suprema representación** de la respectiva **Comunidad** y la **ordinaria** del **Estado** en aquella. El Presidente y los miembros del Consejo de Gobierno serán **políticamente responsables** ante la **Asamblea**.

Un **Tribunal Superior de Justicia**, sin perjuicio de la jurisdicción que corresponde al Tribunal Supremo, **culminará la organización judicial** en el ámbito territorial de la Comunidad Autónoma. En los **Estatutos** de las Comunidades Autónomas podrán establecerse los **supuestos** y las **formas de participación** de aquellas en la **organización** de las **demarcaciones judiciales** del territorio. Todo ello de conformidad con lo previsto en la **ley orgánica del poder judicial** y dentro de la **unidad** e **independencia** de este.

Sin perjuicio de lo dispuesto en el **artículo 123**, las **sucesivas instancias procesales**, en su caso, **se agotarán** ante **órganos judiciales radicados** en el mismo territorio de la **Comunidad Autónoma** en que esté el **órgano competente** en **primera instancia**.

2. Una vez **sancionados** y **promulgados** los respectivos **Estatutos**, **solamente** podrán ser **modificados** mediante los **procedimientos** en ellos **establecidos** y con **referéndum** entre los electores **inscritos** en los **censos correspondientes**.

3. Mediante la **agrupación de municipios limítrofes**, los **Estatutos** podrán establecer **circunscripciones territoriales propias**, que gozarán de plena **personalidad jurídica**.

ARTÍCULO 153

CONTROL DE LOS ÓRGANOS DE LAS COMUNIDADES AUTÓNOMAS

El **control** de la **actividad** de los **órganos** de las **Comunidades Autónomas** se ejercerá:

A) Por el **Tribunal Constitucional**, el relativo a la **constitucionalidad** de sus disposiciones normativas con fuerza de ley.

B) Por el **Gobierno**, **previo dictamen del Consejo de Estado**, el del ejercicio de **funciones delegadas** a que se refiere el apartado 2 del **artículo 150**.

C) Por la **jurisdicción contencioso-administrativa**, el de la **administración autónoma** y sus **normas reglamentarias**.

D) Por el **Tribunal de Cuentas**, el **económico** y **presupuestario**.

ARTÍCULO 154

DELEGADO DEL GOBIERNO EN LAS COMUNIDADES AUTÓNOMAS

Un **Delegado nombrado** por el **Gobierno dirigirá** la **Administración** del **Estado** en el **territorio** de la **Comunidad Autónoma** y la coordinará, **cuando proceda**, con la **administración** propia de la Comunidad.

ARTÍCULO 155

INCUMPLIMIENTO POR UNA COMUNIDAD AUTÓNOMA

1. Si una **Comunidad Autónoma no cumpliere** las **obligaciones** que la **Constitución** u **otras leyes** le impongan, o **actuare** de forma que **atente gravemente** al **interés general** de España, el **Gobierno**, **previo requerimiento** al Presidente de la Comunidad Autónoma y, en el caso de **no** ser **atendido**, con la **aprobación** por **mayoría absoluta** del **Senado**, podrá adoptar las **medidas necesarias** para **obligar** a aquella al **cumplimiento forzoso** de dichas **obligaciones** o para la **protección** del mencionado **interés general**.

2. Para la **ejecución** de las medidas previstas en el apartado anterior, el **Gobierno podrá dar instrucciones** a **todas las autoridades** de las **Comunidades Autónomas**.

Notas:

ARTÍCULO 156
AUTONOMÍA FINANCIERA DE LAS COMUNIDADES AUTÓNOMAS

1. Las Comunidades Autónomas gozarán de **autonomía financiera** para el **desarrollo** y **ejecución** de sus **competencias** con arreglo a los **principios** de **coordinación** con la **Hacienda estatal** y de **solidaridad** entre **todos** los **españoles**.

2. Las Comunidades Autónomas **podrán actuar** como **delegados** o **colaboradores** del **Estado** para la **recaudación**, la **gestión** y la **liquidación** de los **recursos tributarios** de aquel, de acuerdo con las **leyes** y los **Estatutos**.

ARTÍCULO 157
RECURSOS DE LAS COMUNIDADES AUTÓNOMAS

1. Los **recursos** de las **Comunidades Autónomas** estarán constituidos por:

A) **Impuestos cedidos total** o **parcialmente** por el **Estado**; **recargos** sobre **impuestos estatales** y **otras participaciones** en los **ingresos** del Estado.

B) Sus **propios** impuestos, tasas y contribuciones especiales.

C) **Transferencias** de un **Fondo de Compensación interterritorial** y **otras asignaciones con cargo** a los **Presupuestos Generales del Estado**.

D) **Rendimientos** procedentes de **su patrimonio** e **ingresos** de **derecho privado**.

E) El **producto** de las **operaciones** de **crédito**.

2. Las **Comunidades Autónomas no** podrán en ningún caso **adoptar medidas tributarias** sobre **bienes** situados **fuera** de **su territorio** o que supongan **obstáculo** para la **libre circulación** de **mercancías** o **servicios**.

3. Mediante **ley orgánica** podrá regularse el ejercicio de las **competencias financieras** enumeradas en el precedente apartado 1, las **normas** para resolver los **conflictos** que pudieran surgir y las posibles **formas** de **colaboración financiera** entre las Comunidades Autónomas y el Estado.

ARTÍCULO 158
FONDO DE COMPENSACIÓN INTERTERRITORIAL

1. En los **Presupuestos Generales del Estado podrá** establecerse una asignación a las Comunidades Autónomas en función del **volumen** de los **servicios** y **actividades estatales** que hayan **asumido** y de la **garantía** de un **nivel mínimo** en la **prestación** de los **servicios** públicos **fundamentales** en todo el territorio español.

2. Con el fin de **corregir desequilibrios económicos interterritoriales** y hacer efectivo el **principio de solidaridad**, se constituirá un **Fondo** de **Compensación** con destino a **gastos de inversión**, cuyos recursos serán **distribuidos** por las **Cortes Generales** entre las **Comunidades Autónomas** y **provincias**, en su caso.

CINTHIA MOURE

TÍTULO

09

Del Tribunal Constitucional

ARTÍCULO 159
EL TRIBUNAL CONSTITUCIONAL

1. El Tribunal Constitucional se compone de **12 miembros** nombrados por el **Rey**; de ellos, **4** a propuesta del Congreso por mayoría de **3/5 de sus miembros**; **4** a propuesta del Senado, con idéntica mayoría; **2** a propuesta del Gobierno, y **2** a propuesta del Consejo General del Poder Judicial.

2. Los miembros del Tribunal Constitucional deberán ser **nombrados** entre **Magistrados y Fiscales**, **Profesores de Universidad**, **funcionarios públicos** y **Abogados**, todos ellos **juristas** de **reconocida competencia** con **más** de **15 años** de ejercicio profesional.

3. Los miembros del Tribunal Constitucional serán **designados** por un período de **9 años** y se **renovarán** por **terceras partes** cada **3** .

4. La condición de miembro del Tribunal Constitucional es **incompatible**: con todo **mandato representativo**; con los **cargos políticos** o **administrativos**; con el desempeño de **funciones directivas** en un partido político o en un sindicato y con el **empleo al servicio** de los mismos; con el ejercicio de las **carreras judicial y fiscal**, y con **cualquier** actividad profesional o mercantil.

En lo demás los miembros del Tribunal Constitucional tendrán las **incompatibilidades** propias de los miembros del **poder judicial**.

5. Los miembros del Tribunal Constitucional serán **independientes** e **inamovibles** en el ejercicio de su mandato.

ARTÍCULO 160
PRESIDENTE DEL TRIBUNAL CONSTITUCIONAL

El **Presidente** del Tribunal Constitucional será **nombrado** entre sus miembros por el **Rey**, a **propuesta** del **mismo Tribunal** en pleno y por un período de **3 años**.

Notas:

ARTÍCULO 161
COMPETENCIA DEL TRIBUNAL CONSTITUCIONAL

1. El Tribunal Constitucional tiene **jurisdicción** en **todo el territorio español** y es competente para **conocer**:

A) Del **recurso de inconstitucionalidad** contra **leyes** y **disposiciones** normativas con **fuerza de ley**. La declaración de inconstitucionalidad de una norma jurídica con rango de ley, interpretada por la jurisprudencia, afectará a esta, si bien la sentencia o sentencias recaídas no perderán el valor de cosa juzgada.

B) Del **recurso de amparo** por **violación** de los **derechos** y **libertades** referidos en el **artículo 53.2**, de esta Constitución, en los **casos** y **formas** que la **ley** establezca.

C) De los **conflictos de competencia** entre el Estado y las Comunidades Autónomas o de los de estas entre sí.

D) De las **demás materias** que le atribuyan la **Constitución** o las **leyes orgánicas**.

2. El **Gobierno** podrá **impugnar** ante el Tribunal Constitucional las **disposiciones** y **resoluciones** adoptadas por los **órganos** de las **Comunidades Autónomas**. La impugnación producirá la **suspensión** de la disposición o resolución recurrida, pero el Tribunal, en su caso, deberá ratificarla o levantarla en un plazo no superior a **5 meses**.

ARTÍCULO 162
RECURSOS DE INCONSTITUCIONALIDAD Y DE AMPARO

1. Están legitimados:

A) Para interponer el **recurso** de **inconstitucionalidad**, el **Presidente del Gobierno**, el **Defensor del Pueblo**, **50 Diputados**, **50 Senadores**, los **órganos colegiados ejecutivos** de las Comunidades Autónomas y, en su caso, las **Asambleas** de las mismas.

B) Para interponer el **recurso** de **amparo**, toda **persona** natural o jurídica que invoque **un interés legítimo**, así como el **Defensor del Pueblo** y el **Ministerio Fiscal**.

2. En los demás casos, la **ley orgánica** determinará las **personas** y **órganos legitimados**.

ARTÍCULO 163
CUESTIÓN DE CONSTITUCIONALIDAD

Cuando un **órgano judicial** considere, en algún proceso, que una **norma** con **rango de ley**, aplicable al caso, de cuya **validez dependa el fallo**, pueda ser **contraria** a la **Constitución**, planteará la **cuestión** ante el Tribunal Constitucional en los **supuestos**, en la **forma** y con los **efectos** que establezca **la ley**, que **en ningún caso serán suspensivos**.

ARTÍCULO 164

SENTENCIAS DEL TRIBUNAL CONSTITUCIONAL

1. Las **sentencias** del Tribunal Constitucional **se publicarán** en el «**Boletín Oficial del Estado**» con los **votos particulares**, si los hubiere. Tienen el **valor** de **cosa juzgada** a partir del **día siguiente** de su **publicación** y **no cabe recurso alguno** contra ellas. Las que **declaren** la **inconstitucionalidad** de una ley o de una **norma** con **fuerza de ley** y todas las que **no** se limiten a la **estimación subjetiva de un derecho**, tienen **plenos efectos frente a todos**.

2. **Salvo** que en el **fallo** se disponga **otra cosa**, subsistirá la **vigencia** de la **ley** en la **parte no afectada** por la inconstitucionalidad.

ARTÍCULO 165

TRIBUNAL CONSTITUCIONAL

Una **ley orgánica** regulará el funcionamiento del Tribunal Constitucional, el estatuto de sus miembros, el procedimiento ante el mismo y las condiciones para el ejercicio de las acciones.

Notas:

TÍTULO

10

De la reforma constitucional

ARTÍCULO 166
REFORMA CONSTITUCIONAL

La **iniciativa de reforma** constitucional se ejercerá en los términos previstos en los apartados **1 y 2** del **artículo 87**.

ARTÍCULO 167
REFORMA CONSTITUCIONAL #1

1. Los proyectos de reforma constitucional deberán ser aprobados por una **mayoría** de **3/5** de **cada** una de las Cámaras. Si **no** hubiera **acuerdo** entre ambas, se intentará obtenerlo mediante la creación de una **Comisión** de composición **paritaria** de Diputados y Senadores, que presentará un texto que será votado por el Congreso y el Senado.

2. De **no** lograrse la aprobación mediante el procedimiento del apartado anterior, y siempre que el texto hubiere obtenido el voto favorable de la **mayoría absoluta** del **Senado**, el **Congreso**, por **mayoría** de **2/3**, podrá aprobar la reforma.

3. Aprobada la reforma por las Cortes Generales, será sometida a **referéndum** para su ratificación cuando así lo soliciten, dentro de los **15 días siguientes** a su aprobación, **1/10** parte de los miembros de cualquiera de las Cámaras.

ARTÍCULO 168
REFORMA CONSTITUCIONAL #2

1. Cuando se propusiere la **revisión** total de la Constitución o una parcial que afecte al Título preliminar, al Capítulo segundo, Sección primera del Título I, o al Título II, se procederá a la aprobación del principio por **mayoría** de **2/3** de **cada Cámara**, y a la **disolución inmediata** de las Cortes.

2. Las Cámaras **elegidas** deberán **ratificar** la decisión y proceder al **estudio** del **nuevo** texto constitucional, que deberá ser aprobado por mayoría de **2/3** de **ambas** Cámaras.

3. Aprobada la reforma por las Cortes Generales, será sometida a **referéndum para su ratificación**.

ARTÍCULO 169
NO REFORMA

No podrá iniciarse la reforma constitucional en tiempo de guerra o de vigencia de alguno de los **estados** previstos en el **artículo 116**.

Notas:
